LES CARNETS DU BORD

L'ART DES NŒUDS

Marc P.G. Berthier
Dessins de l'auteur
mis en couleur par Laure Massin

GALLIMARD

ISBN 2-07-060187-0
Tous droits de traduction, de reproduction
et d'adaptation réservés pour tous les pays.
© Jacques Arthaud, 1974.
© Éditions Gallimard, 1984, pour la présente édition.
N° d'édition : 33 279
Dépôt légal : Mars 1984

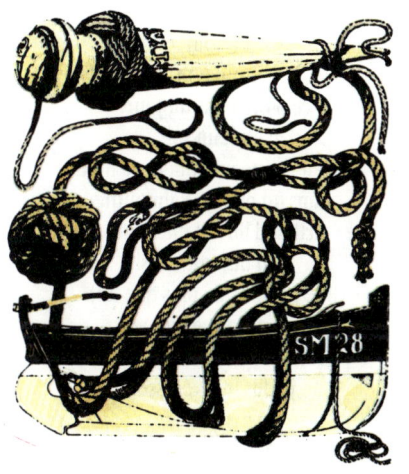

Introduction

Un jour,
enfin non,
ce n'était pas un jour,
c'était un soir,
c'était même un bout de la nuit,
dans un pub de Falmouth,
Jacques Arthaud buvait une pinte de bière.
J'en bus une aussi
(une ou deux de plus que lui).
A partir de ce moment
afin de regagner mon bord,
je dus m'intéresser
au matelotage.
Ma démarche
était quelque peu emmêlée.
Nous en avons fait
un petit livre
de dessins.

Le nœud gordien

Ce livre
est dédié
à tous mes amis,
empereurs de la chaussette
et princes de la ficelle
et surtout à
Ralph m. Menhinick esq.
qui dit toujours
«peut-être pourrions-nous
prendre 2 ris»
quand le vent souffle
à 40 nœuds
depuis trois jours.
Un jour de grand vent,
il m'apprit ce nœud,
du modèle gordien,
à peine amélioré.
Tout le monde le connaît,
sait à quoi il sert,
sait le faire et défaire,
alors,
passons aux choses
sérieuses.

Table des matières

Table des matières

Table des matières

Le sac
du matelot Quentin

Ceci
est un sac
de matelot :
Celui de mon ami,
le matelot Quentin,
« premier brin »
à bord de « Valama »
un vieux six mètres JI
dont le retour de galbord
s'ouvre comme le sourire
d'une vahiné.
Il renferme les trésors
de l'île du même nom :
des bouts de ficelle
et quelques instruments,
tout simples,
qui,
si l'on sait s'en servir,
mettent des dentelles
autour des haussières
les plus râpeuses.

L'intérieur du sac de Quentin

Le bonnet turc a glissé sur les huit brins de la tresse de la poignée et le sac est ouvert. Énumération de ce qui s'en échappe : du merlin, du lusin, du bitor, du chanvre, du coton, du fil de caret, du fil à voile et puis concédons à l'époque du fil de nylon. Aussi quelques cabillots, des cosses et des manilles et aussi quelques bandes de toile pour les voiles qui s'ouvrent au vent. Enfin, je reconnais bien là Quentin, une pipe, du tabac râpeux et une chope en étain pour boire la mer.

Les instruments de Quentin

Retournons la trousse du
chirurgien du «bout» et voyons
ce qu'elle contient encore.
Deuxième énumération :
un couteau tranchant comme un
harpon de baleinier, une paire
de ciseaux un peu rouillés, des
épissoirs de toutes tailles, une
mailloche à fourrer, un
tranchet, une navette pour les
filets, une paumelle pour
pousser l'aiguille, des poinçons,
de la cire pour poisser le fil à
voile et, dans leur étui, en
défense de morse gravée, des
aiguilles à voile plantées dans le
suif.

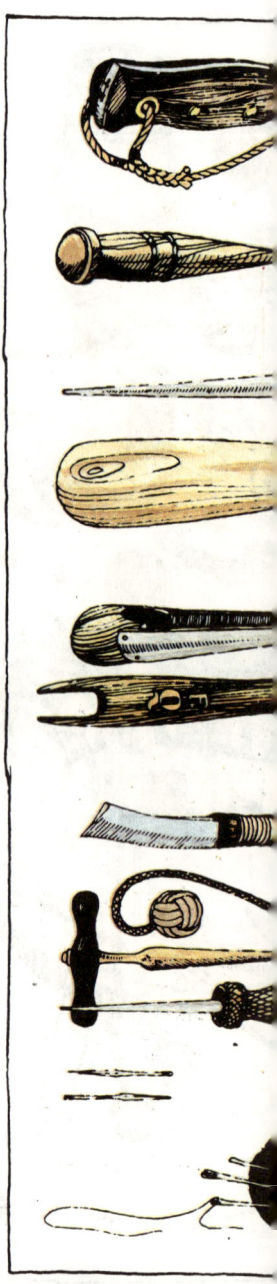

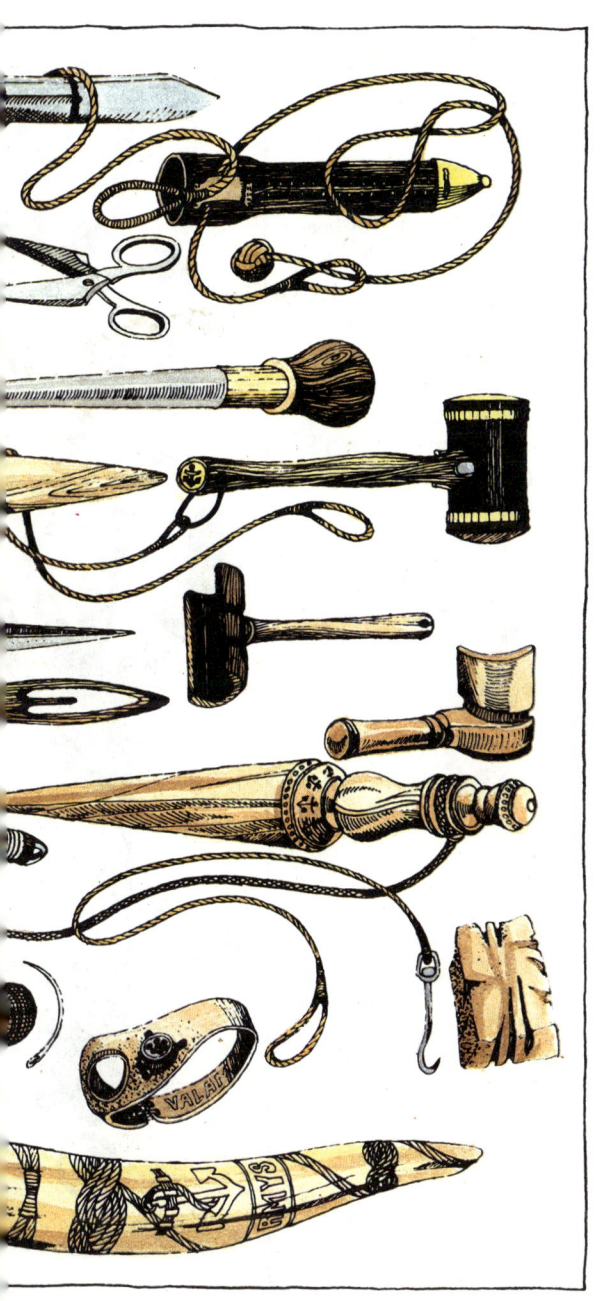

Présentation des cordages

Puisque nous allons parler
«ficelle» pendant quelques
pages, il serait bon à présent de
présenter ce que «les gens qui
naviguent» définissent sous le
nom de «bout» en général. Le
plus faible composant d'un bout
est le «fil de caret» 1. Plusieurs
forment un «toron» 2. Trois
torons forment un «bout» 3,5,
deux bouts un «grelin».
Il existe également des cordages
formés de quatre torons et une
âme 6 et des cordages tressés 5.
Prenons si vous voulez quelques
mètres de «bouts» et
commençons dès à présent à
essayer d'en faire des choses
que les gens avertis appellent
matelotage.

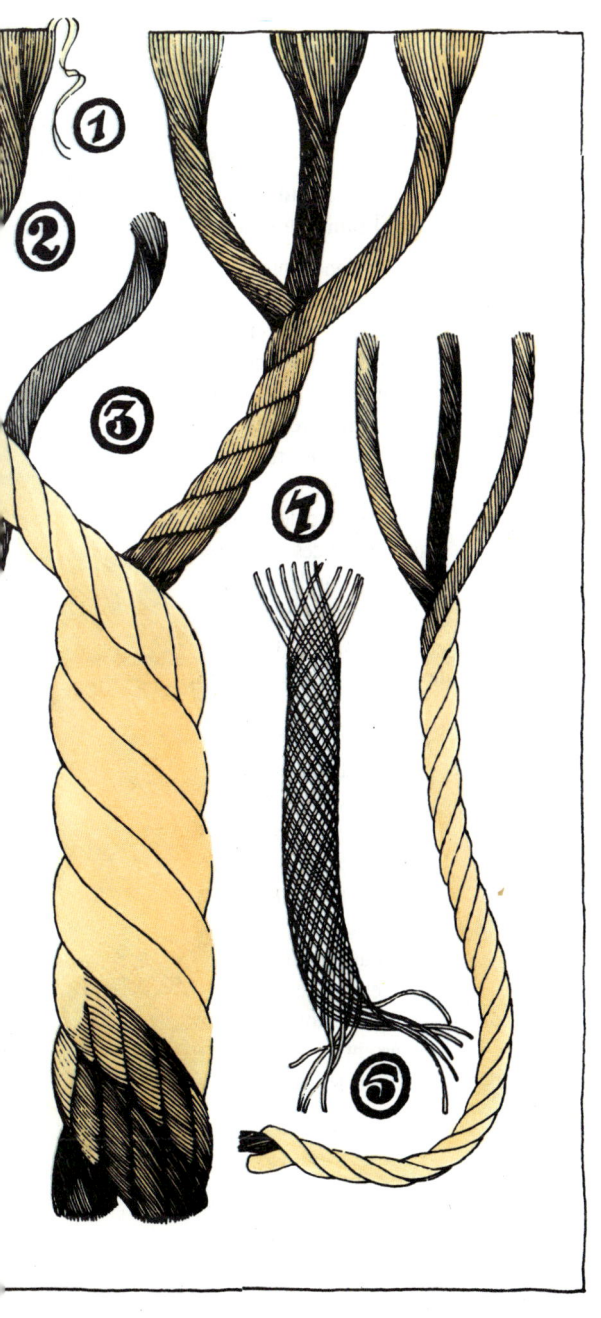

Les nœuds
qu'il faut connaître

Si l'on monte
sur un bateau
(à voiles de préférence),
il serait bien venu,
non seulement
de savoir le faire naviguer,
mais encore
d'obtenir
une certaine dextérité
dans l'usage des «ficelles»
qui viennent de partout.
Cette première partie
va essayer
de montrer quelques nœuds,
que bien sûr
tout le monde sait faire;
mais la mémoire
est si fugace!
Cette remise en tête
évitera peut-être
au fabricant de chaussettes
d'en couvrir
tous les taquets
et les winches
qui de nos jours
poussent en abondance
sur les ponts.

La surliure classique

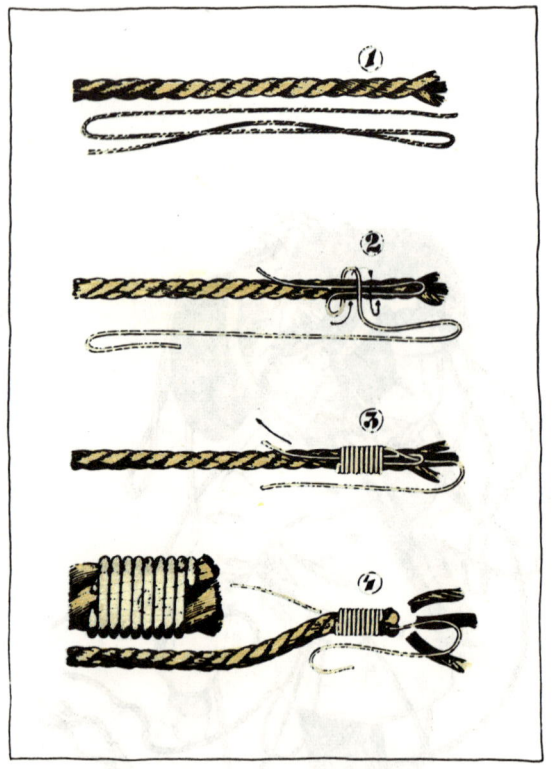

Ces «bouts», un jour, se terminent et, si l'on ne veut pas qu'ils se détoronnent, il faut les arrêter. La surliure remplit ce rôle. Les charcutiers et les épiciers (pas sir Thomas Cipton) les remplacent par des nœuds de plein poing. Les yachtsmen savent les faire. Nous sommes, de toute évidence, tous des yachtsmen.

J'espère que les dessins seront plus explicites que le texte, c'est pourquoi les explications seront toujours le plus brèves possible. Donc il vaut mieux suivre les dessins dans l'ordre des numéros et cela devrait marcher.

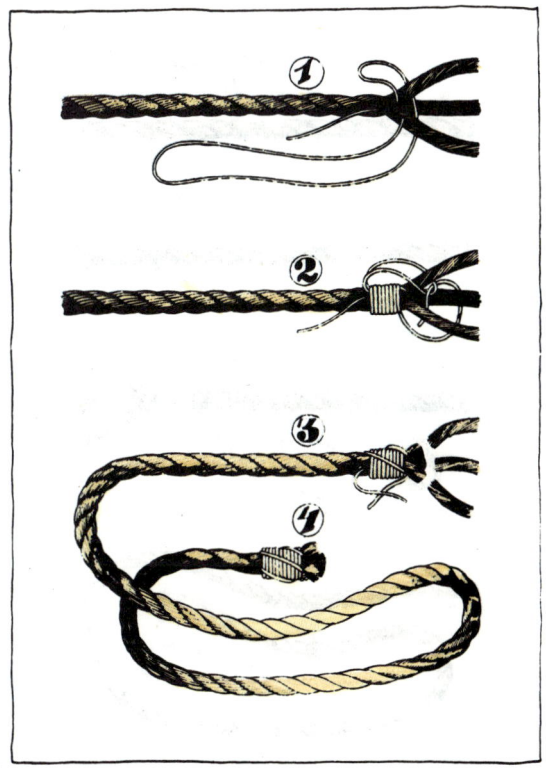

L'avantage des surliures est qu'il en existe plusieurs modèles que l'on peut employer suivant l'humeur. Celle-ci est plus solide que la précédente. Elle présente les mêmes avantages que la suivante, vraie surliure cousue, mais n'oblige pas le «matelot mateloteur» à se promener avec une aiguille au revers de sa vareuse. Il faut cependant ne pas oublier de couper les bouts de torons qui dépassent, une fois l'opération terminée.

La surliure cousue avec aiguille

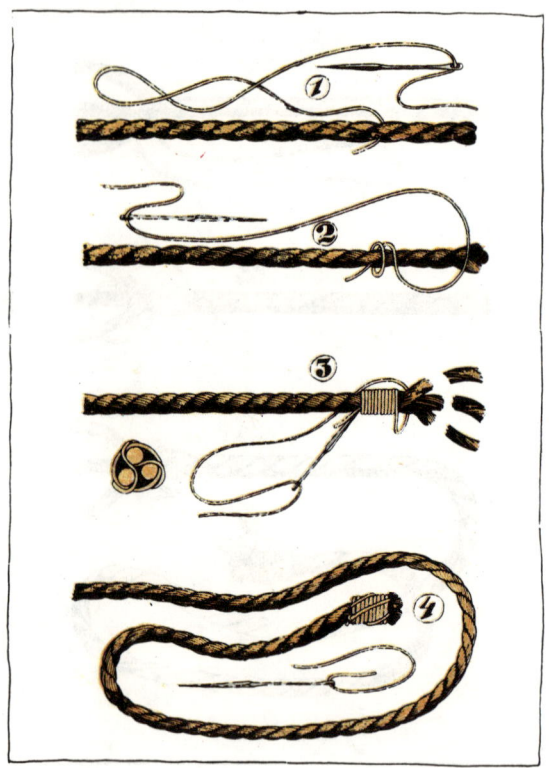

Si vous pouvez vous offrir le luxe d'une aiguille à voile (ce qui est assez pratique à bord d'un bateau), faites alors la vraie surliure cousue qui est solide, que l'on peut souquer et qui surtout ne glisse pas. On croit souvent que plus une surliure est longue, plus elle est efficace, ce qui n'est pas le cas, dix tours seront le maximum. En fait, il faut surtout approprier la grosseur du cordage avec lequel on fait la surliure et celui sur lequel on la fait.

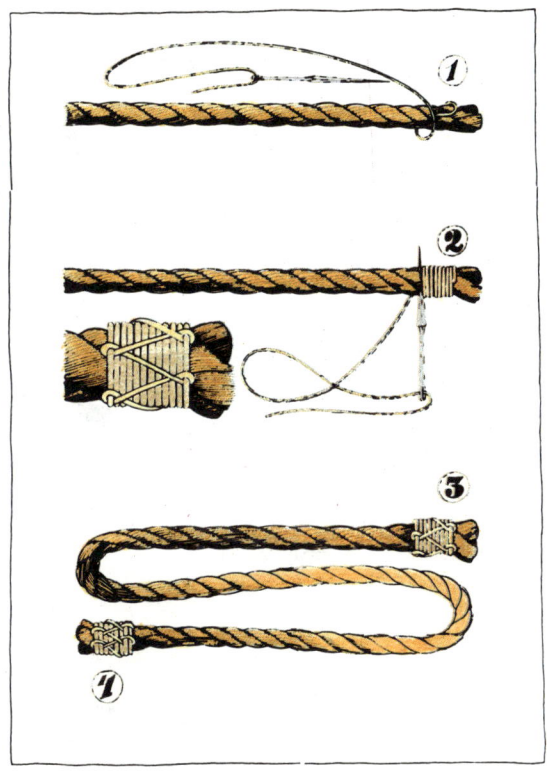

Enfin, pour les raffinés, soucieux d'élégance, voici la surliure en guirlande, qui se fait également avec une aiguille. Aussi efficace que les précédentes, elle est plus jolie. Ne pas oublier en terminant de faire deux demi-clefs et de noyer l'excédent de cordage entre deux torons. Maintenant que nos cordages sont arrêtés «comme il convient», nous allons pouvoir commencer à en faire quelque chose : des nœuds, pourquoi pas !

Le nœud de cabestan

Le nœud de cabestan peut être baptisé «indispensable». C'est celui que l'on doit pouvoir faire les yeux fermés, en pleine nuit, les mains dans le dos et dans le plâtre, de l'eau par-dessus la tête. C'est le passeport de quiconque embarque sur un engin flottant. Il sert à amarrer n'inporte quoi, car il a le privilège de se serrer sur lui-même, plus on tire dessus. Il faut toutefois donner assez de longueur au dormant. On peut l'assurer par une demi-clef. Le défaire est aussi facile que le faire et vous êtes impardonnable si vous persistez à l'ignorer.

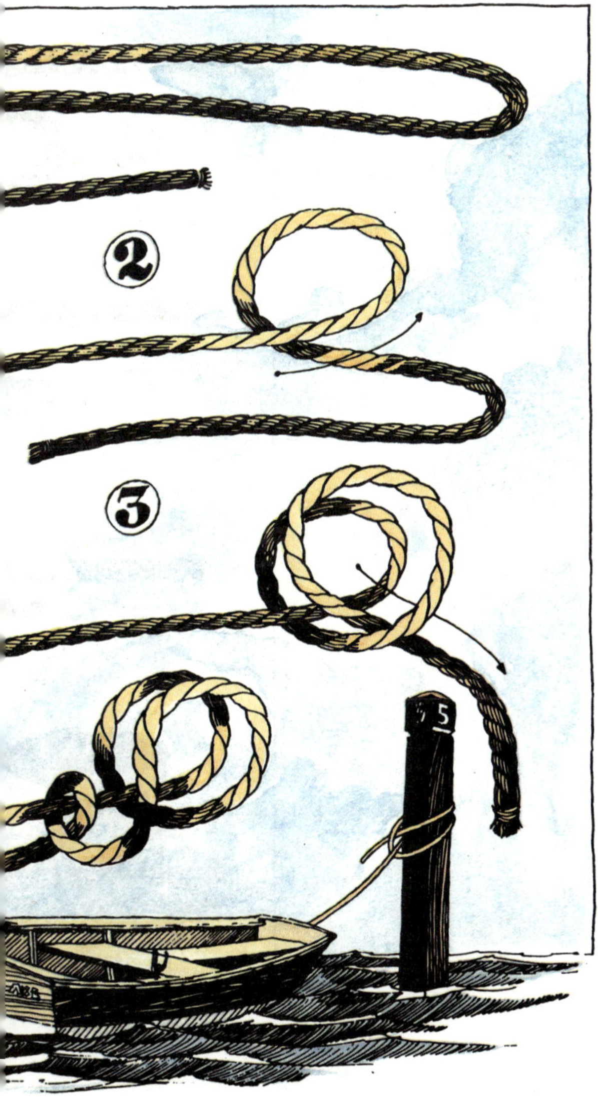
2
3
5

Un tour mort et deux demi-clefs

Si par hasard le temps presse et que vous n'ayez pas le loisir de faire un nœud de cabestan, palliez par un tour mort et deux demi-clefs. C'est simple, rapide et ça tient. C'est un nœud à tout faire, moins spécialisé que le précédent mais qui rentre quand même dans les nœuds marins. Il se défait aussi très facilement.

③

Le nœud de chaise

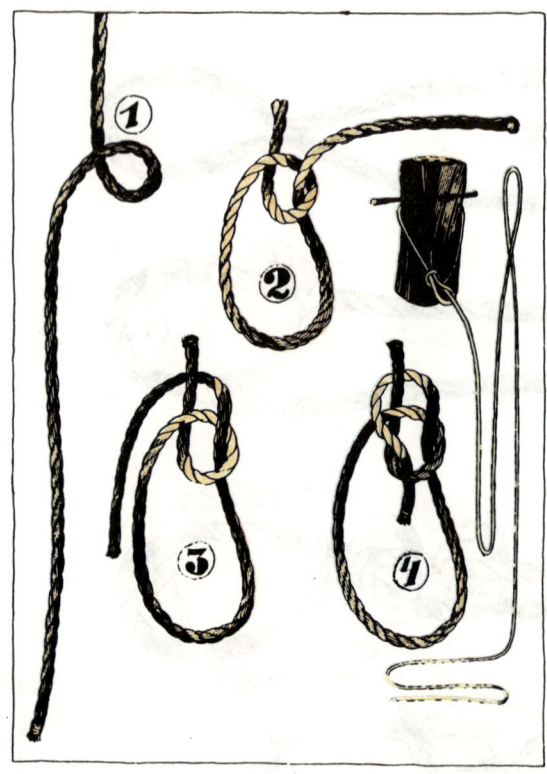

Encore un nœud «indispensable». Il permet de former une boucle non coulissante à l'extrémité d'un cordage. Il peut remplacer un œil épissé. Plus on tire dessus, plus il est solide. On le dénoue sans difficulté. Il sert aussi bien aux extrémités des amarres que pour nouer des écoutes aux points d'écoute des voiles d'avant, ce qui évite des mousquetons meurtriers, aux virements de bord. Je garde un souvenir coloré de l'un de ces objets de bronze. C'est désagréable d'avoir une oreille en forme de mousqueton.

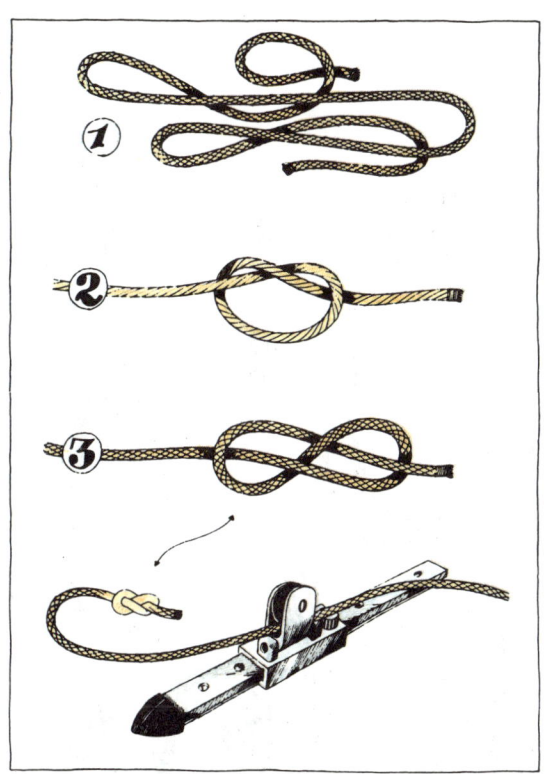

Nous le disions, certaines personnes laissent filer les drisses, d'autres ont pour spécialité l'écoute. Le nœud en huit permettra d'éviter ce genre de désagréments. Il se fait instinctivement au bout des écoutes, après les avoir passées dans les filoirs ou les poulies, bien sûr pas trop près des extrémités pour qu'il ait suffisamment de mou pour se serrer. On l'emploie de préférence au nœud de plein poing car lui peut se défaire rapidement.

Le nœud de chaise double

Le nœud de chaise double

Eh oui, ce nœud à multiples personnalités se dédouble et peut alors remplacer la chaise de calfat. Grâce à lui, on pourra vous envoyer en l'air, là-haut en tête de mât, quand un personnage de bon goût aura laissé filer une drisse. Alors, grâce à un nœud, vous serez dans les nuages, au niveau des mouettes. N'essayez pas de vous envoler, assurez-vous plutôt à la taille par un bout dans la double boucle siège du nœud.

Tourner une écoute au taquet

La majorité des navigateurs ont tendance à coiffer les taquets de passe-montagnes. Ils croient en effet que plus on fait de tours croisés, mieux ça tient. C'est peut-être une erreur. En général, un tour sur la base du taquet et deux ou trois tours croisés dessus suffisent largement. Pour une écoute il ne faut jamais terminer le dernier tour par une demi-clef qui pourrait se coincer et être impossible à décoincer si l'écoute serre trop fort.

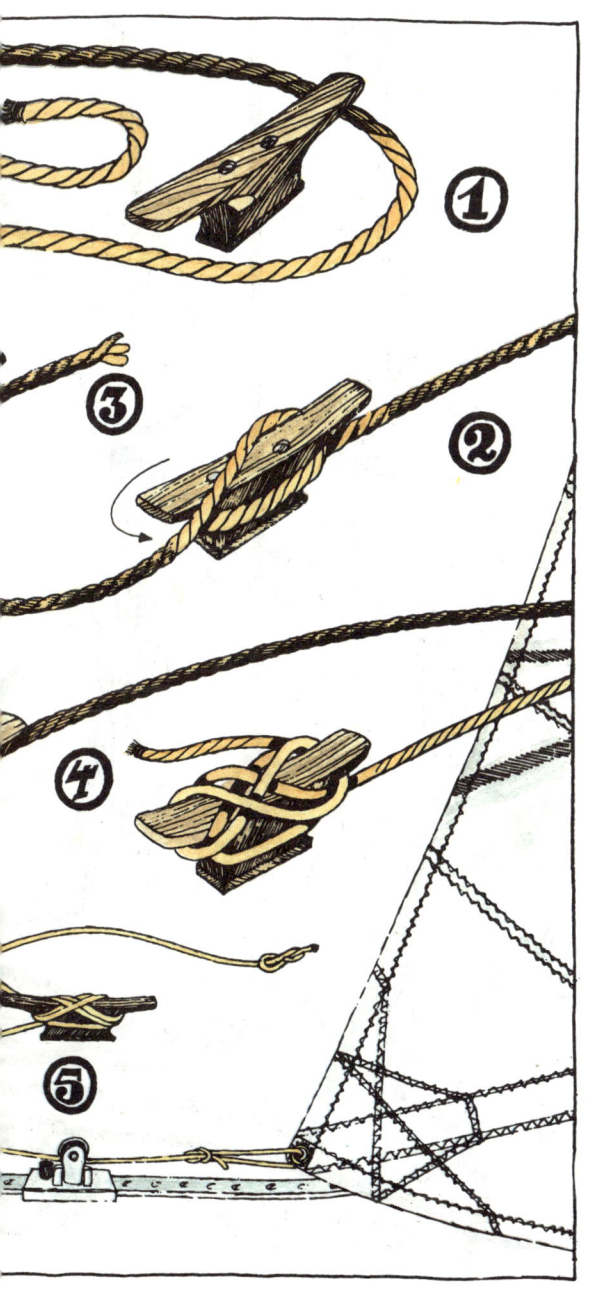

Tourner une drisse au taquet

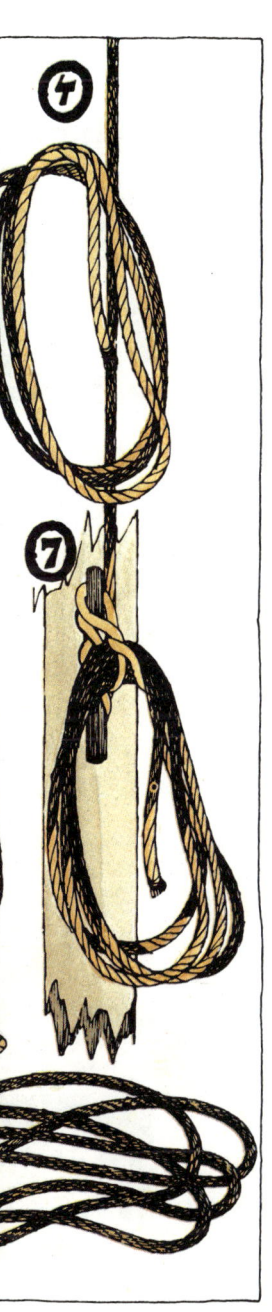

Tourner une drisse au taquet

Pour une drisse, le même nombre de tours que pour une écoute suffit. Mais là, on peut terminer le dernier tour par une demi-clef afin d'éviter tout glissement et de maintenir la raideur du guindant. Ensuite, après avoir lové la drisse, on la maitient sur le taquet avec une boucle retournée du dormant. Ceci permet, quand on amène, d'avoir une drisse qui monte clairement et non de se retrouver avec un plat de spaghetti dans les barres de flèche.

Le nœud de drisse

1, 2 et 3

Le nœud de drisse, en fait, ne s'emploie plus pour amarrer une drisse. C'est un nœud que l'on fait pour bloquer un cordage un court instant.
En effet, on peut le larguer facilement en tirant sur le dormant. Il sert surtout dans le théâtre, pour amarrer les perches. Naviguant souvent avec des guignols, je n'ai pu manquer de le signaler.

**Les nœuds de croc,
double 1', simple 2',
de palan 3'
Le nœud de griffe, 4**

Ces quatre nœuds servent à nouer un bout sur le croc d'une grue, par exemple, ce qui est toujours utile quand on mâte.

40

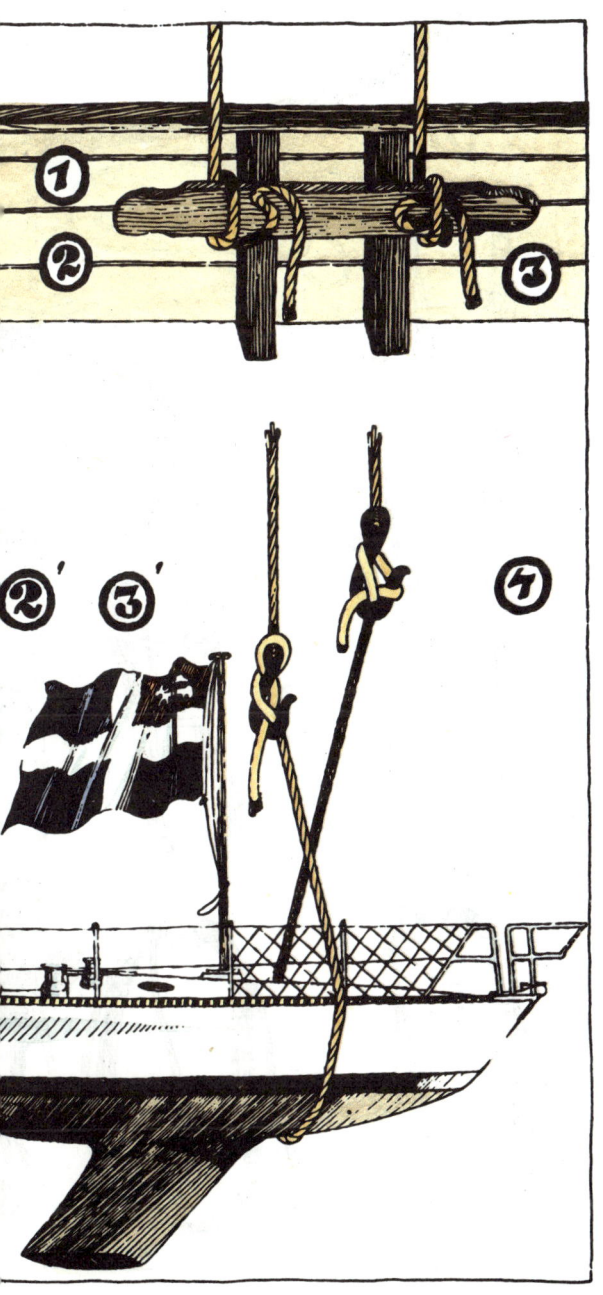

Lover un bout

Lover un bout

Eh oui, je love pour vous, si vous permettez. Un pont couvert de paquets de nouilles peut, bien sûr, donner à votre yacht un côté italien. Pour ma part, je préfère un bout bien lové. On love bien sûr avec son cœur, mais aussi dans le sens des aiguilles d'une montre, afin de ne pas contrarier le toronnage et d'éviter les boucles. Cette opération terminée, afin de ne pas la rendre inutile, si l'on range le bout, on conclut soit par la manière 2, 3 et 4, soit par la manière 5 et 6. Les deux sont valables. Je préfère cependant la première, plus simple.

Le nœud plat

Le nœud de vache

Le nœud plat 1 et 2
Le nœud plat sert à relier deux cordages provisoirement.
Il ne faut pas lui faire entièrement confiance car il a tendance à glisser.
Pour plus de sûreté, on peut l'assurer par deux demi-nœuds.
Il ne faut pas le faire avec des cordages de grosse différence de grosseur.

Le nœud de vache, 3
Le nœud de vache porte bien son nom. Il ne faut pas l'employer. Il ne demande qu'à glisser. En fait, les sorties des dormants sont le contraire du nœud plat.

Le nœud de pêcheur

1, 2 et 3

Le nœud de pêcheur sert à relier
deux bouts de ligne de pêche.
Il est plus précisément destiné
aux plaisanciers qui ne régatent
pas et préfèrent pêcher le
maquereau (ou le muscadet) à
la traîne.

Le nœud d'agui, 4

Le nœud d'agui (ne pas
confondre avec le nœud de
laguis : un nœud de chaise dans
lequel passe une boucle) est
constitué de deux nœuds de
chaise et sert à réunir deux
cordages, même s'ils sont de
grosseurs différentes. Il est très
solide et se dénoue aisément.

Le nœud de plein poing

Le nœud de plein poing

Le nœud de plein poing
est un demi-nœud en double sur
lui-même. Il ne faut l'utiliser
que pour consolider
rapidement un cordage usé,
quand on n'a pas le temps de
faire une épissure, en ayant soin
que la partie usée soit bien dans
la boucle. Cette boucle doit être
assez grande pour empêcher le
glissement quand le nœud se
serrera sur lui-même. Ce nœud
ne peut être que provisoire.

Le nœud de ris

Tout le monde ne possède pas une bôme à rouleau et quelquefois il faut prendre des ris. Quand c'est le cas, ce n'est généralement pas le moment d'apprendre à faire le nœud qui convient. Tout d'abord il faut que les garcettes soient assurées à poste par un demi-nœud de chaque bord de la voile 1, 2 et 3 pour pouvoir souquer efficacement. Ensuite il ne reste plus, en fait, qu'à faire un nœud plat gansé, c'est-à-dire que l'un des dormants fasse une boucle, ce qui permettra de larguer le ris facilement quand le vent aura molli.

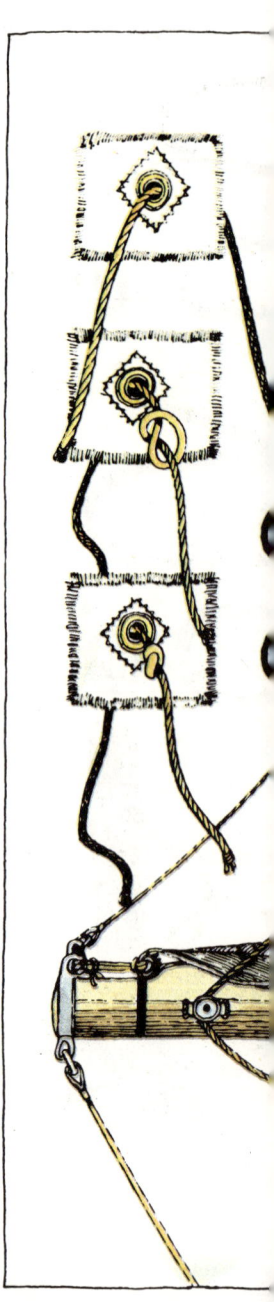

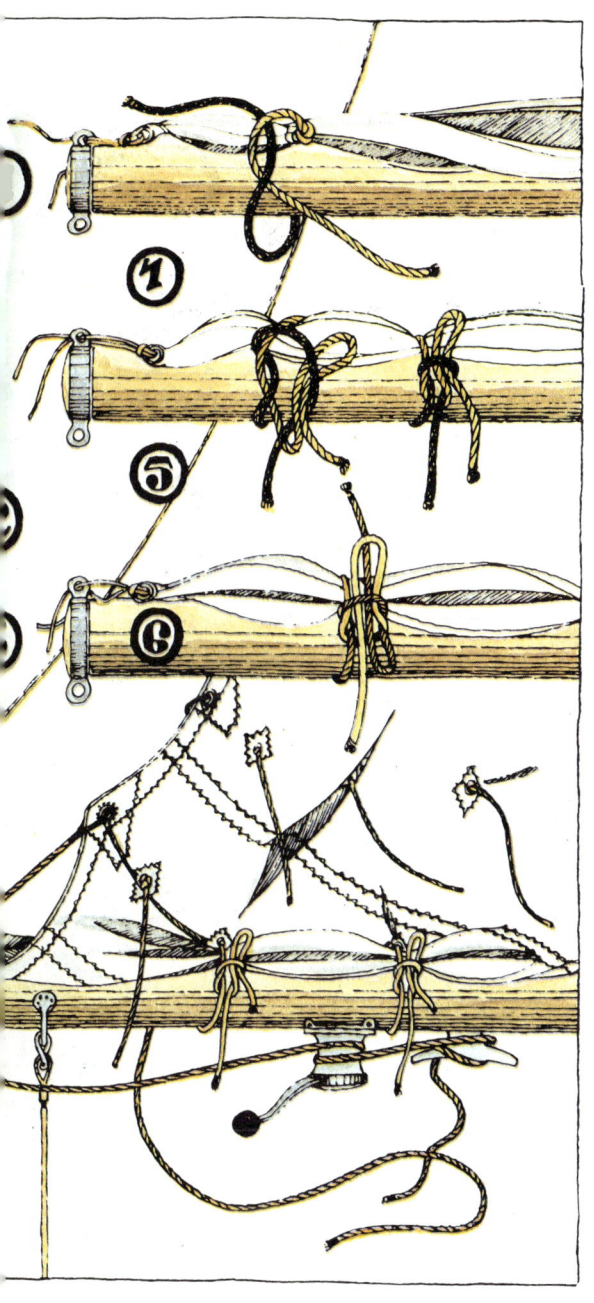

Le nœud de laguis

1 et 2

Le nœud de laguis est un nœud coulant constitué d'une boucle dans un nœud de chaise. Ceci permet au nœud de ne pas se serrer sur lui-même et de se larguer en mollissant le courant. On peut l'employer par exemple pour gréer un hale-bas.

Le nœud coulant ou nœud de cravate, 3 et 4

Le nœud de cravate peut remplir le même usage que le précédent en n'en ayant les avantages ni de commodité ni de solidité.
Il est seulement plus simple à exécuter.

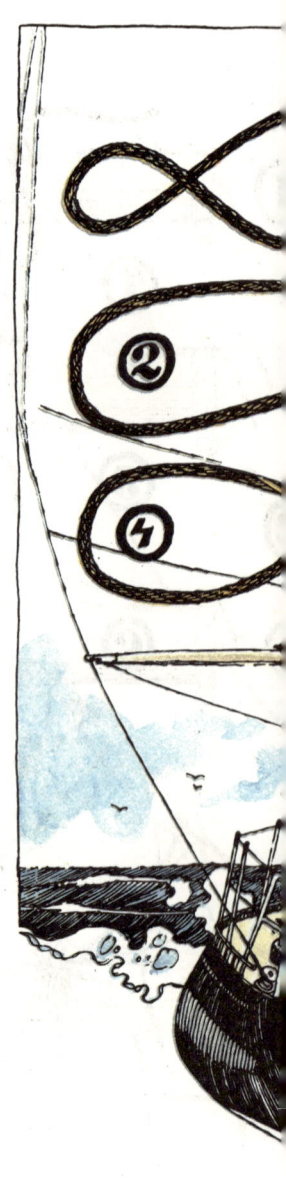

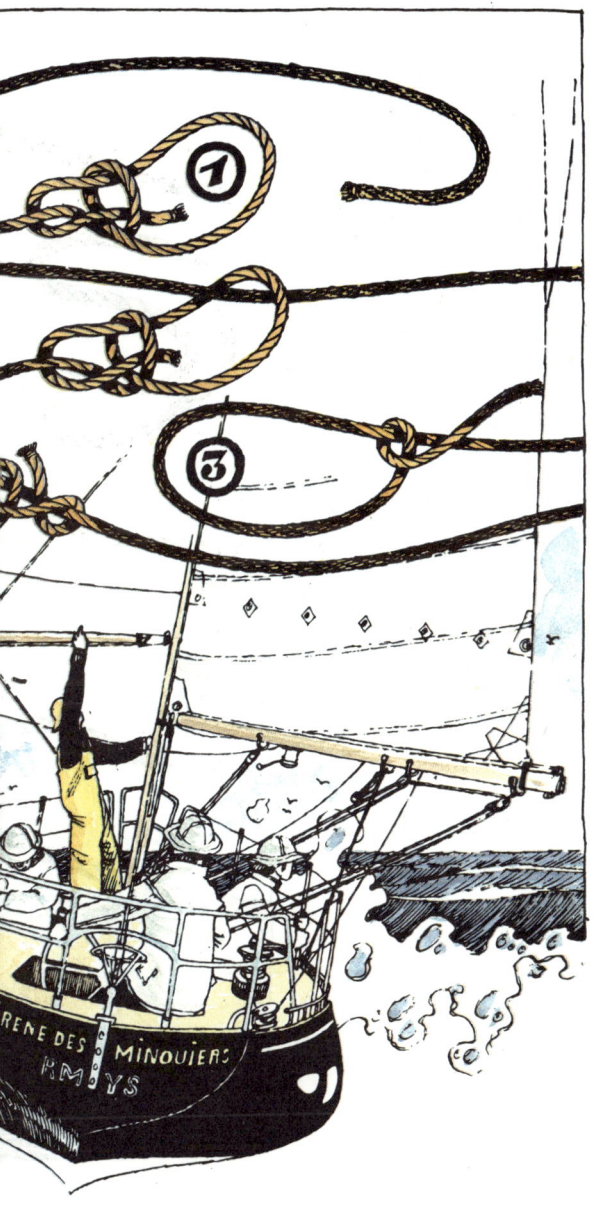

53

Le nœud de carrick

Le nœud de carrick, joli, efficace mais peu employé, pourrait avantageusement remplacer le nœud plat. Il est solide, ne glisse pas et ne serre pas trop sur lui-même quand il est mouillé. De plus, rien que pour la sonorité de son nom, on a envie de le faire, rien que pour avoir l'air irlandais deux minutes. Ne pas confondre avec le café irlandais qui, lui, se fait avec de la crème fraîche et la boisson locale.

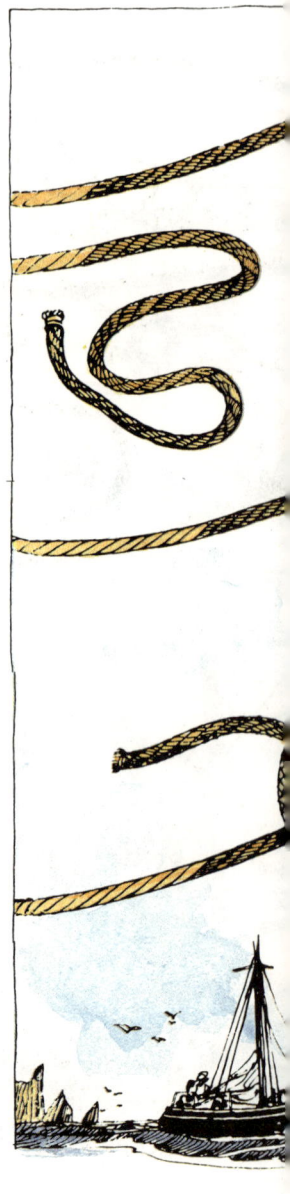

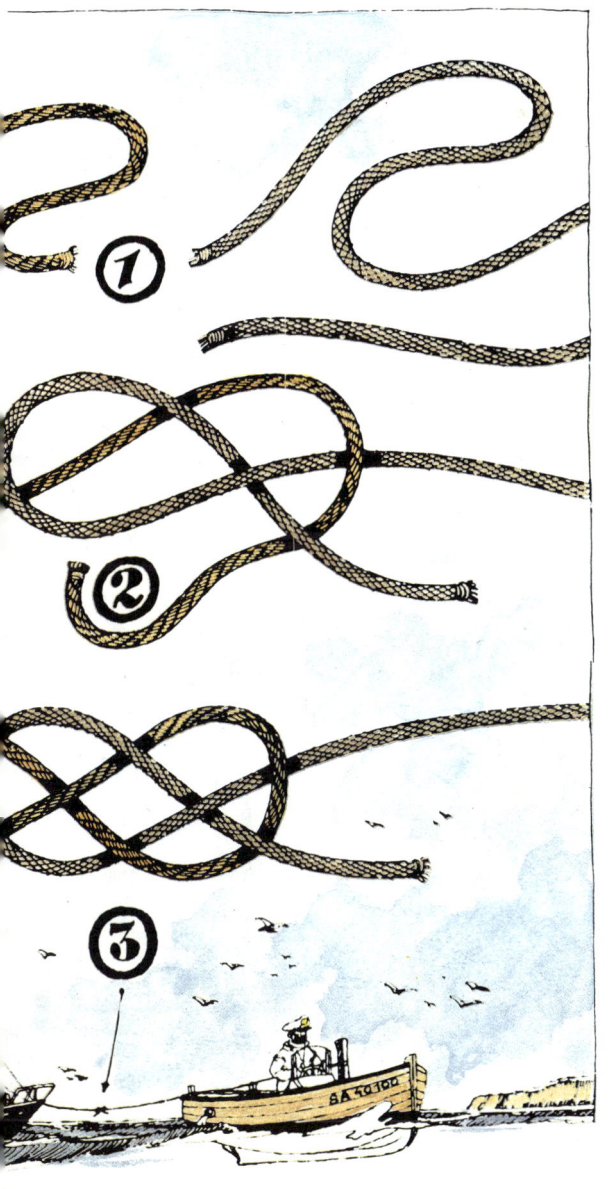

Le nœud de bec d'oiseau

1, 2, 3 et 4

Si vous n'avez pas de poulies, et si vous avez besoin d'un palan pour hisser ou étarquer quelque chose (un équipier débordant de rhum ou une sirène trop lourde pour vos bras d'embraqueur de 12 m JI), utilisez le nœud de bec d'oiseau qui est tout simple et décuplera vos forces.

Deux demi-clefs retournées, 5, 6 et 7

Elles servent à doubler un amarrage, mais attention, il faut raidir et nouer les deux brins si l'on ne veut pas que tout se défasse (une demi-clef n'est pas un passe-partout). Éviter plutôt cette citation qu'aucun auteur ne reconnaît dans la plaisance.

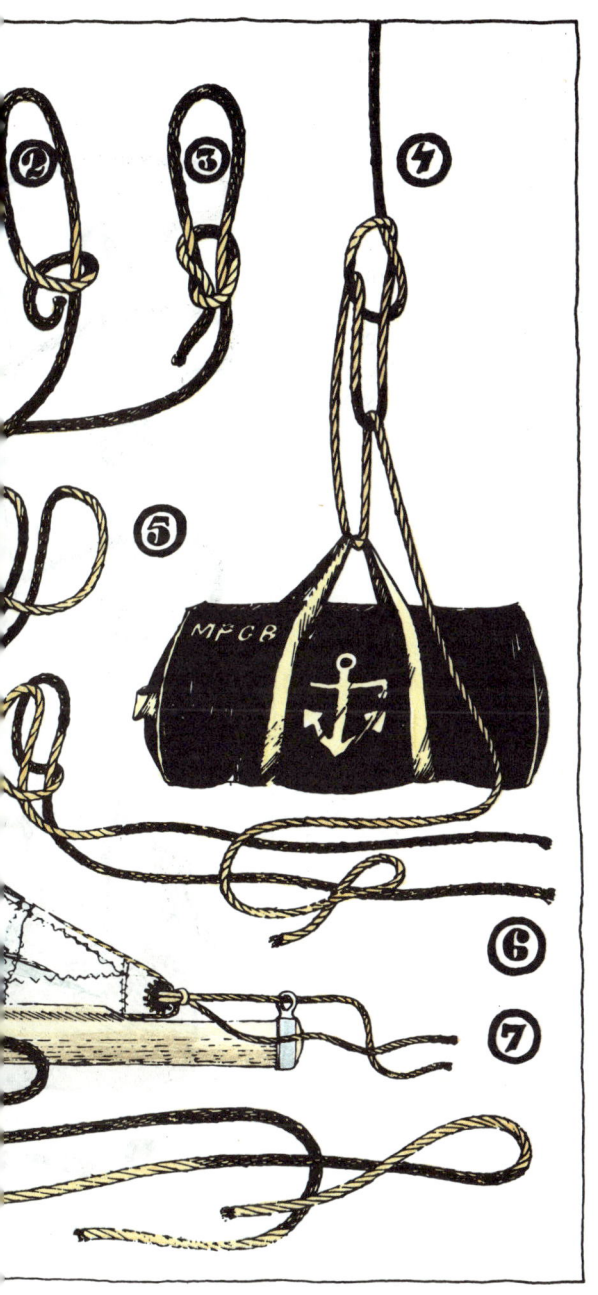

Le nœud de bosse

Ce nœud très pratique sert à
utiliser un cordage long, en n'en
employant que la partie
nécessaire pour faire une bosse.
C'est-à-dire une amarre. On le
commence en introduisant
d'abord le cordage en double
dans l'organeau, ce qui permet
de laisser de côté la partie en
trop du cordage.
Le nœud de bosse est très
solide, ne glisse pas et se défait
facilement, même s'il a subi une
traction importante.

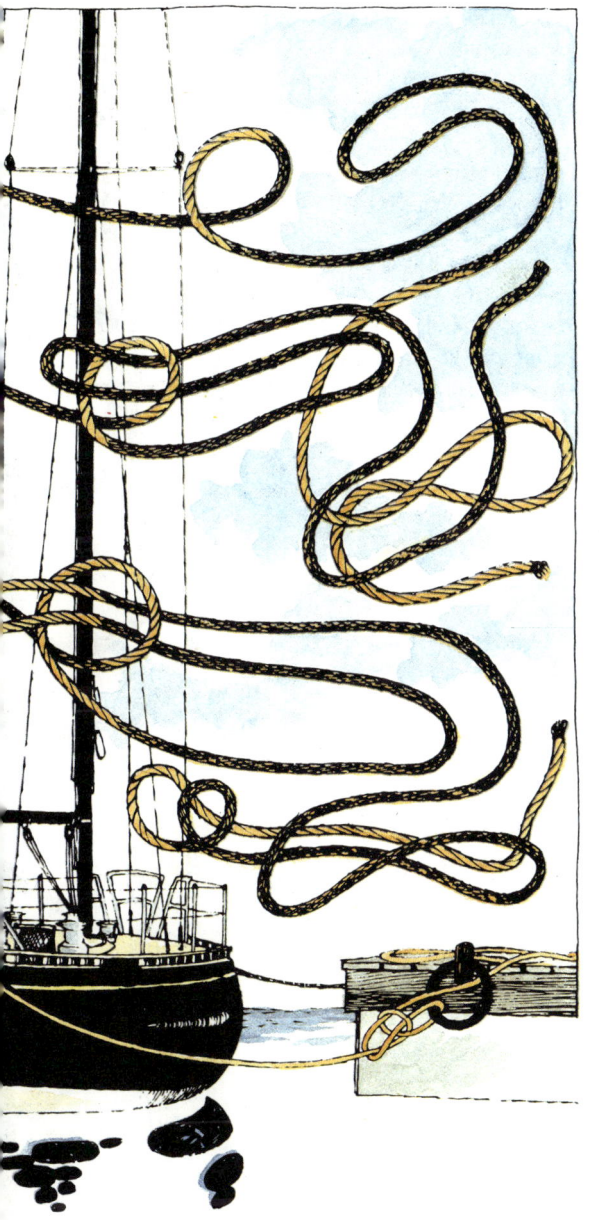

L'œil de pêcheur

1, 2, 3 (ou œil François Walter), spécialiste
Le nœud Walter sert à faire un œil dans le milieu ou à l'extrémité d'un cordage.
Il ne faut l'utiliser que pour les cordages de petit diamètre.

Le nœud de trésillon ou de gueule-de-loup, 4 et 5
Le nœud de trésillon est en quelque sorte un demi-nœud gansé dans lequel on engage un trésillon (ou martyr), en général un épissoir.
Il sert à créer un levier pour rapprocher deux cordages.

Le nœud de jambe de chien

Le nœud de jambe de chien se fait en repliant deux fois le cordage sur lui-même et en capelant une demi-clef à chaque extrémité.

Il sert à raccourcir un cordage d'une longueur voulue.

Il ne tient que sous la tension et se largue tout seul aussitôt que l'on mollit le cordage.

Son emploi permet donc de ne pas couper un bout, trop long pour un usage déterminé.

Le nœud de sac

Comme son nom l'indique, ce
nœud sert à nouer un sac par le
haut et permet de le hisser en
l'air.

Assurez-vous cependant qu'il
est bien souqué avant de tendre
le bout. Sinon il pourrait se
produire un glissement. Ce qui
est à éviter si le sac est plein de
bouteilles de gin non dédouané
et qu'en plus un de ces
messieurs à képi et pantalon à
bandes latérales rouges fait sa
promenade matinale sur le
quai.

Le nœud de capelage

Le nœud de capelage se débute par un nœud de cabestan au milieu d'un cordage.
Ensuite on croise les deux boucles pour les faire sortir de chaque bord de la longueur désirée. Ce nœud peut servir à gréer des haubans et un étai pour maintenir un mât de fortune. Il est tout à fait utile lors d'un démâtage. (Je n'irai pas jusqu'à dire que c'est pour le plaisir de le faire qu'Éric Tabarly a laissé un mât dans l'océan Atlantique et un dans l'océan Pacifique, mais, en tout cas, lui sait le faire.)

Le nœud de grappin

1
Le nœud se fait directement sur la cigale d'une ancre ou d'un grappin si l'on désire mouiller sur câble. Il se fait également (pour les pêcheurs) pour frapper une ligne sur une chatte.

Le nœud d'orin, 2
Le nœud d'orin se fait à partir du jas jusqu'aux pattes d'une ancre afin de permettre un bon équilibrage de l'ancre, surtout quand on doit la déraper au moyen de l'orin.

Le nœud d'orin

Brelage plat

Brelage plat simple, 1 et 2
Brelage plat double, 3 et 4
Brelage plat avec bridure, 5 et 6
Ces trois méthodes de brelage
permettent de réunir deux
cordages solidement. Dans
l'ordre des numéros, le plus
efficace, et celui qui empêche
tout glissement, est celui avec
bridure qui bloque le cordage.
Pour faire un œil au bout d'un
filin, l'épissure est plutôt
conseillée.

Brelage en portugaise

1, 2, 3
Encore plus solide que les
précédents, le brelage en
portugaise, c'est-à-dire en
croisant les tours, empêche que
les bouts puissent glisser l'un
sur l'autre.

Brelage en étrive, 4
Le brelage en étrive se fait sur
deux filins qui doivent rester
croisés, et par conséquent
travailler séparément.
Il se fait comme l'amarrage plat
avec bride.

Brelage croisé, 5
Il se fait sur deux cordages à
angle droit.
On le commence par deux
demi-clefs croisées sur l'un des
bouts et avec chacun des brins
on effectue l'amarrage en
terminant par une bride.

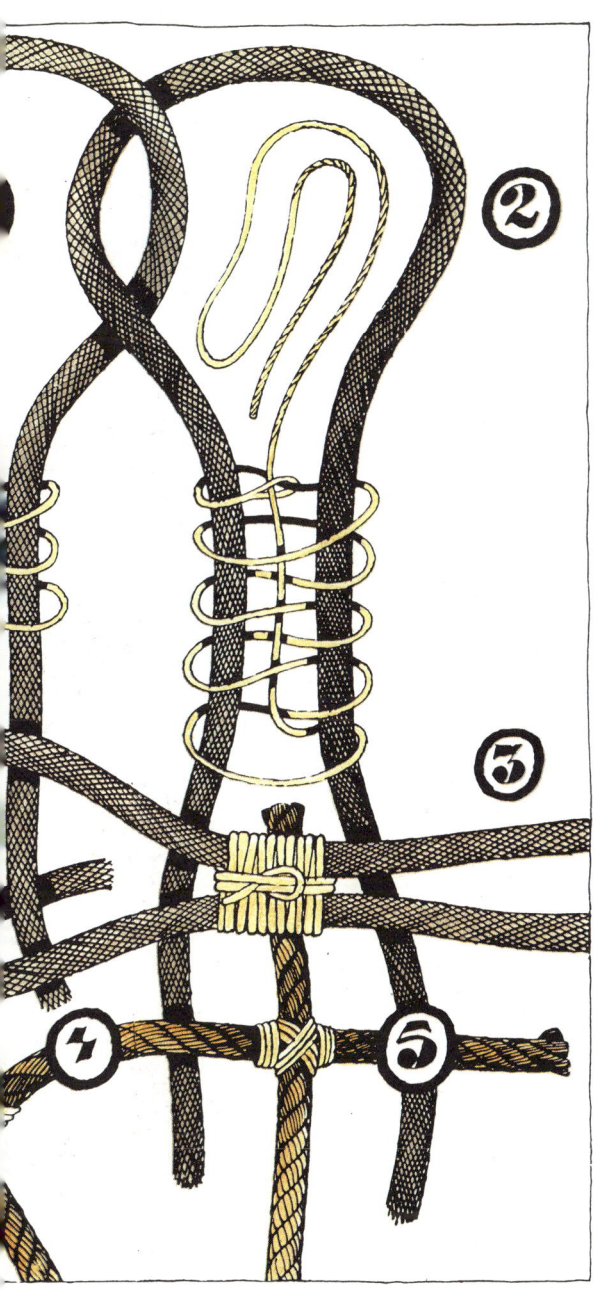

Plier un pavillon

1, 2, 3 et 4
Un pavillon se plie en deux,
battant contre battant.
On peut le plier une seconde
fois s'il est grand.
Ensuite on le roule jusqu'au
guindant.

Ferler un pavillon, 5, 6, 7, 8, 9
Le pliage terminé, on fait un
tour autour du pavillon avec le
bout terminé par un œil épissé et
on le ganse sur lui-même. Si le
pavillon est grand et lourd, on
peut perfectionner le système
suivant les dessins 7, 8 et 9.
Ainsi le pavillon est prêt à être
envoyé.

Envoyer un pavillon

Tout d'abord on passe le cabillot du pavillon dans l'œil de la drisse, puis on fait sur l'autre extrémité de la drisse un nœud d'écoute simple 1 et 2 ou double 3. Il suffit ensuite de hisser le courant de la drisse et une fois le haut du pavillon à poste, il n'y a plus qu'à raidir le dormant de la drisse pour que le ferlage se dénoue et libère le pavillon qui flottera 4 au vent, s'il y a du vent bien sûr !

Où envoyer les pavillons

Tout d'abord, sauf en cas de deuil, les pavillons s'envoient à bloc.

Le pavillon national s'envoie sur un mât à l'arrière du bateau 1. Il est obligatoirement plus grand que les autres pavillons arborés.

Le guidon de club ou le pavillon de propriétaire s'envoient en tête de mât sur un mâtereau 2.

Le pavillon de politesse (*red ensign* pour les îles Britanniques) s'envoie à tribord dans les barres de flèche 3.

Le pavillon de douane (4, jaune), plus petit que le pavillon de politesse, s'envoie à bâbord dans les barres de flèche.

En naviguant, le pavillon national s'envoie, sur un cotre franc, à la corne, sur un ketch ou un yawl, en tête du mât d'artimon, sur une goélette, en tête du grand mât.

Réparer une voile

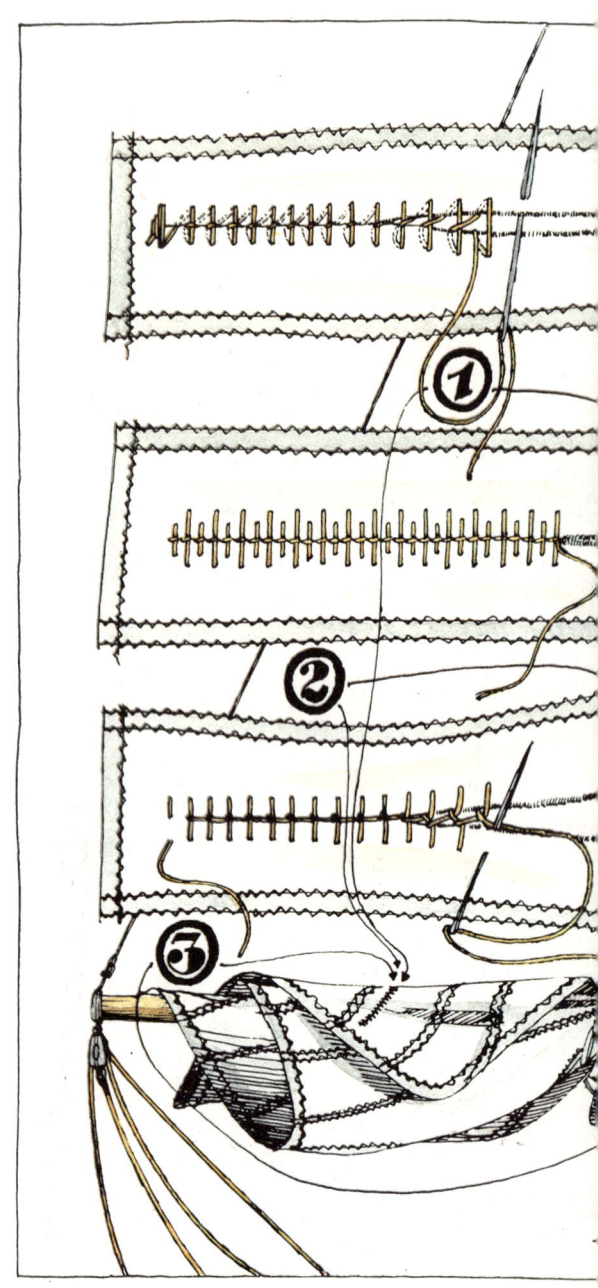

Réparer une voile

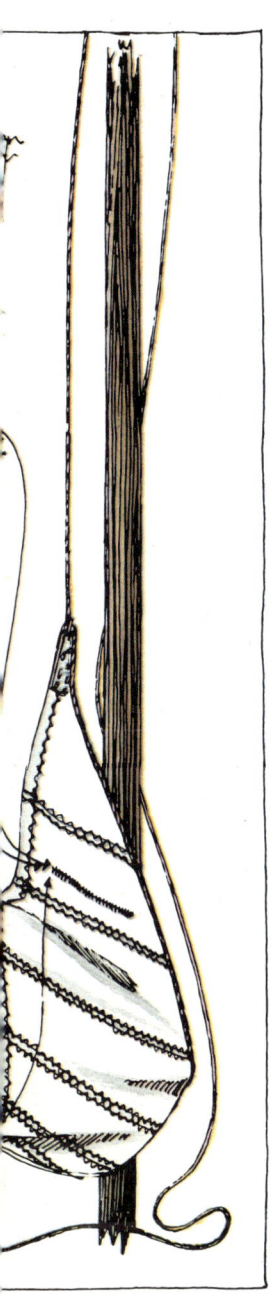

Certaines personnes, dont mes amis sont, ont tendance à naviguer sous coton d'Égypte (Ratsey, 1932). On voit les rayons du soleil à travers les voiles. Quelquefois, même, on voit le soleil tout entier. Il faut alors ravauder.

Le plus simple et le plus rapide est de faire une videlle 1. Mais les experts opteront pour le point de voilier 2 et 3. Ces coutures constituent une réparation provisoire qu'il est bon de recouvrir par une bande de toile de chaque côté de la voile si celle-ci est vraiment cuite. Tout le monde sait qu'à notre époque les voiles de coton survivantes sont rarement bleues !

Les épissures

C'est ici
que tout
se complique,
que l'on commence
à emmêler les torons
et que l'on se rend compte
que l'on a un doigt
pris dans l'épissure
quand on l'a terminée.
(Je ne vous dirai pas
combien de fois
j'ai recommencé les dessins,
vous avez le droit de louper
autant de fois que moi.)
Il est cependant
indispensable
que vous sachiez faire
ces petits entrelacs
qui vous feront remarquer
comme un « vrai marin »
au milieu des brodeuses
du bord de mer.

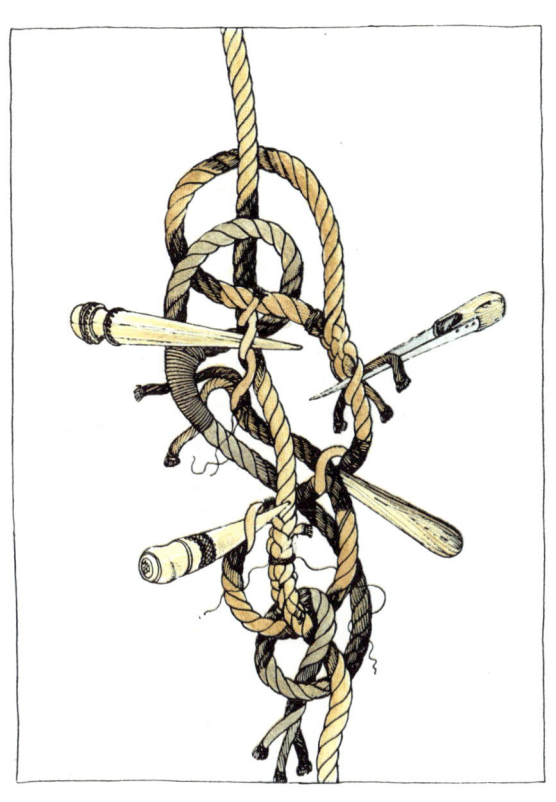

L'erseau

L'erseau n'est pas vraiment une épissure mais il fait partie des cordages « mystère » qui, toronnés sur eux-mêmes, donnent une boucle fermée. On le commence par un demi-nœud et l'on continue en tournant chacun des brins sur la boucle fermée 1, 2 et 3. Quand on arrive au résultat de la figure 4, on passe l'un des brins en le noyant comme sur le dessin et l'on coupe ce qui dépasse. On peut terminer par une surliure sur le point de contact ou une série de demi-clefs tout autour de l'erseau. On peut alors l'offrir à une dame comme bracelet ou s'en servir comme estrope à multiples usages.

Le nœud de haubans

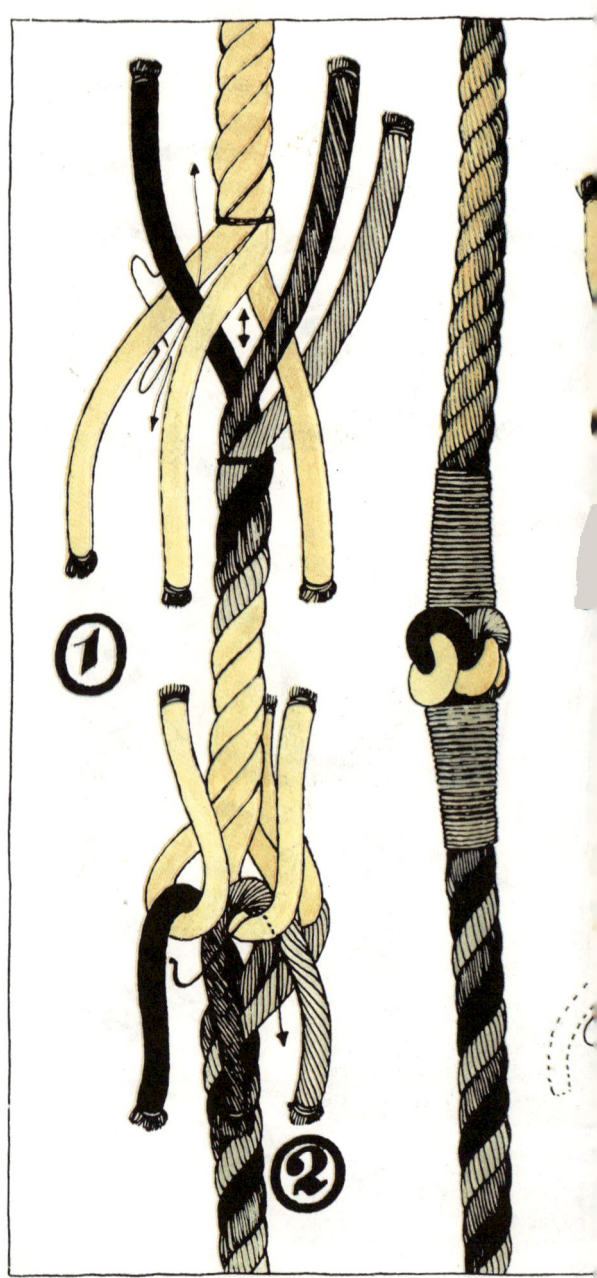

Le nœud de haubans

Le nœud de haubans n'est vraiment lui non plus une épissure mais il permet de se familiariser avec le fait de réunir deux cordages bout à bout en mélangeant leurs torons. Il convient parfaitement pour réunir deux cordages en utilisant le moins de longueur de toron possible. Produisant une grosseur à l'endroit de la jonction, il ne faut pas l'employer sur des cordages passant dans une poulie.

87

L'épissure carrée

Nous y voilà, préparez vos épissoirs.
L'épissure carrée se fait de préférence sur deux cordages de même diamètre. Tout d'abord, on détoronne chacun des cordages sur une longueur correspondant proportionnellement au dessin 1. On arrête le détoronnage et chacun des torons par une surliure courte. On croise les torons les uns et les autres et on les maintient en place par une surliure très courte 2.
Puis on commence les passages des torons sous les correspondants de l'autre bout 3.
Quand le premier passage est fait, on passe au second. Ensuite on passe trois autres torons sur l'autre bout.

L'épissure carrée

L'épissure carrée

Il faut prendre soin de bien souquer chaque toron à chaque fois. Trois ou quatre passes doivent être exécutées de chaque bord (quatre sont préférables sur du tergal ou du nylon). À la dernière passe on peut noyer la tête du toron sous son correspondant. Il est également possible de les amincir afin que, au fur et à mesure des passes, l'épissure devienne plus mince, 6. Tous les passages terminés, on peut camoufler l'épissure par une surliure ou un fourrage qui la protégera. Le fait que, en souquant sur le cordage, les torons se serrent sur eux-mêmes assure la solidité.

L'épissure longue

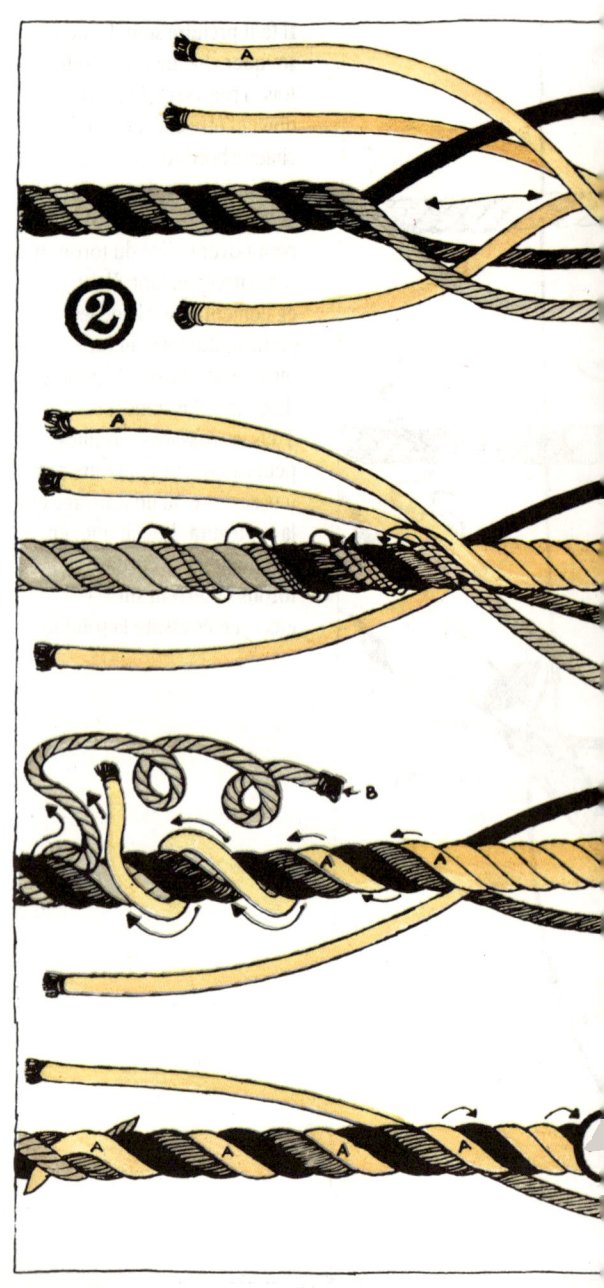

L'épissure longue

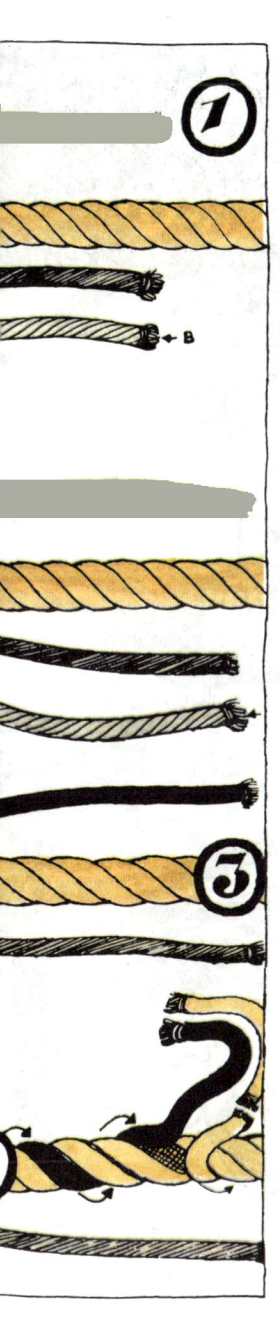

Pour l'épissure longue, le cordage se prépare de la même façon que l'épissure carrée mais en décommettant plus de longueurs de torons 1. On croise également les torons comme précédemment, 2. A partir de ce moment, la marche à suivre diffère, en fait on décommet un toron en le remplaçant par son correspondant 2 et 3. On répète l'opération de chaque bord pour un toron et son correspondant 3 et 4. Bien entendu, on coupe sur l'un des torons ce que l'on a ajouté avec celui qui l'a remplacé et l'on termine en noyant chacune des extrémités sous les torons correspondants 5.

L'épissure longue

L'épissure longue

Il ne reste plus qu'à couper le surplus des deux torons qui restent au milieu et à les noyer eux aussi 5. Ensuite, on peut marteler l'épissure pour que chaque toron prenne bien sa place.

Cette épissure possède sur l'épissure carrée l'avantage de ne pas provoquer de surépaisseur et elle remplit le même usage.

L'œil épissé

L'œil épissé est encore plus
simple que l'épissure carrée,
étant donné qu'il n'y a que la
moitié du travail à faire. Je crois
que l'évidence des opérations à
faire se voit clairement sur les
dessins. L'œil épissé a de
multiples usages, depuis
l'amarrage des harpons des
baleiniers (je signale aux
amateurs qu'il leur est interdit
de chasser la baleine bleue et le
narval, mais qu'ils peuvent
toujours se rendre aux Açores
pour harponner le cachalot)
jusqu'à l'œil au bout d'une
écoute, d'une amarre, d'une
drisse, d'une bosse de ris, d'un
bras de spinnaker, d'une
balancine.

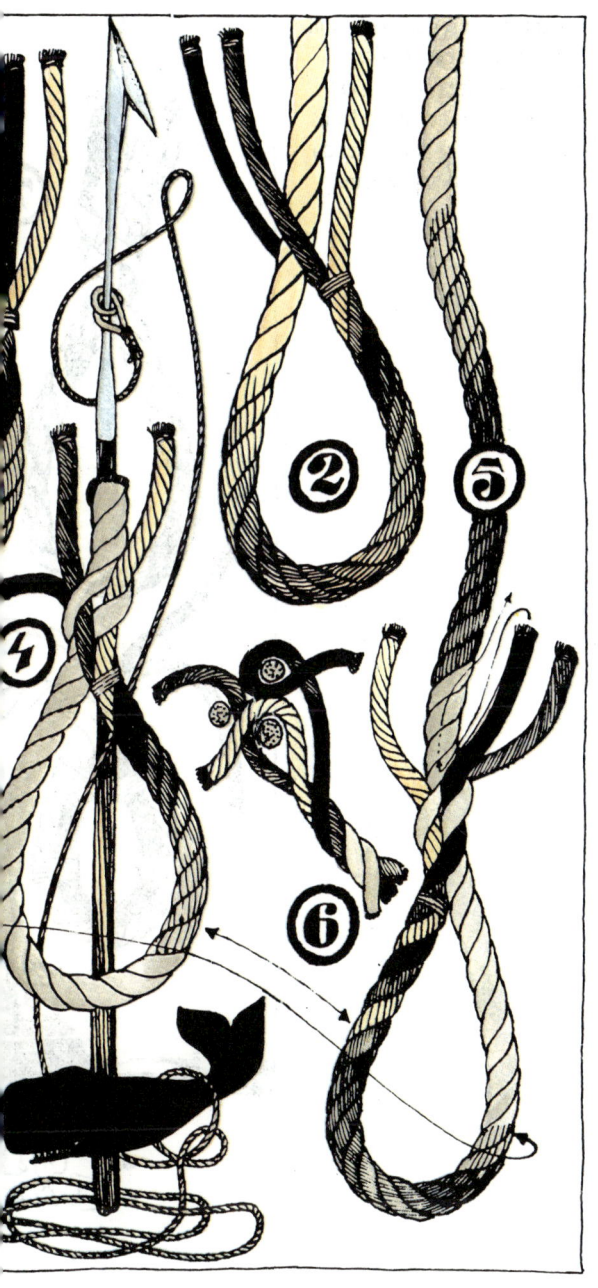

L'œil épissé

Je signale à ceux qui voudraient l'employer pour se pendre (ou pour me pendre) que ce n'est pas le nœud qui convient. Nous verrons cet usage particulier du matelotage un peu plus loin.

Cordage épissé sur lui-même

1, 2, 3, 4

On détoronne le cordage sur la longueur désirée en arrêtant par une petite surliure. Avec les torons libres on confectionne un nœud de tête de More (pages suivantes) et on épisse le cordage sur lui-même comme une épissure carrée. Ce procédé permet d'arrêter l'extrémité d'un cordage qui remplace la surliure du bout d'une haussière.

La boucle sur un cordage, 5 et 6

Cette épissure permet de réaliser une boucle sur un cordage. La marche à suivre est la même que pour l'œil épissé.

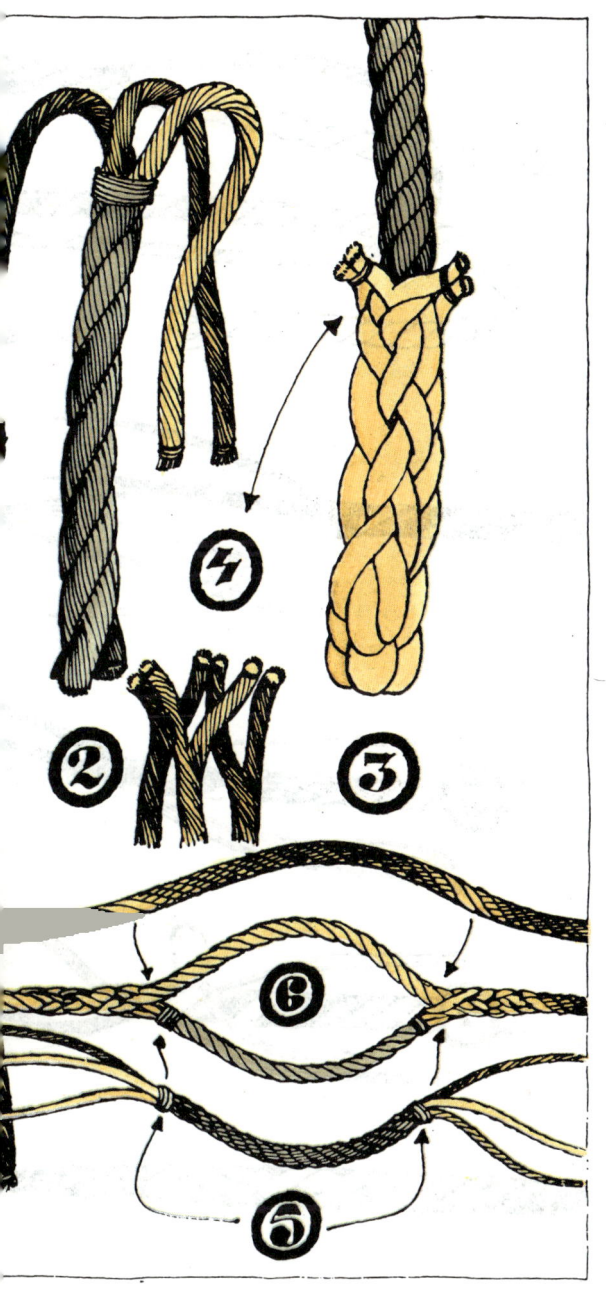

L'épissure mixte

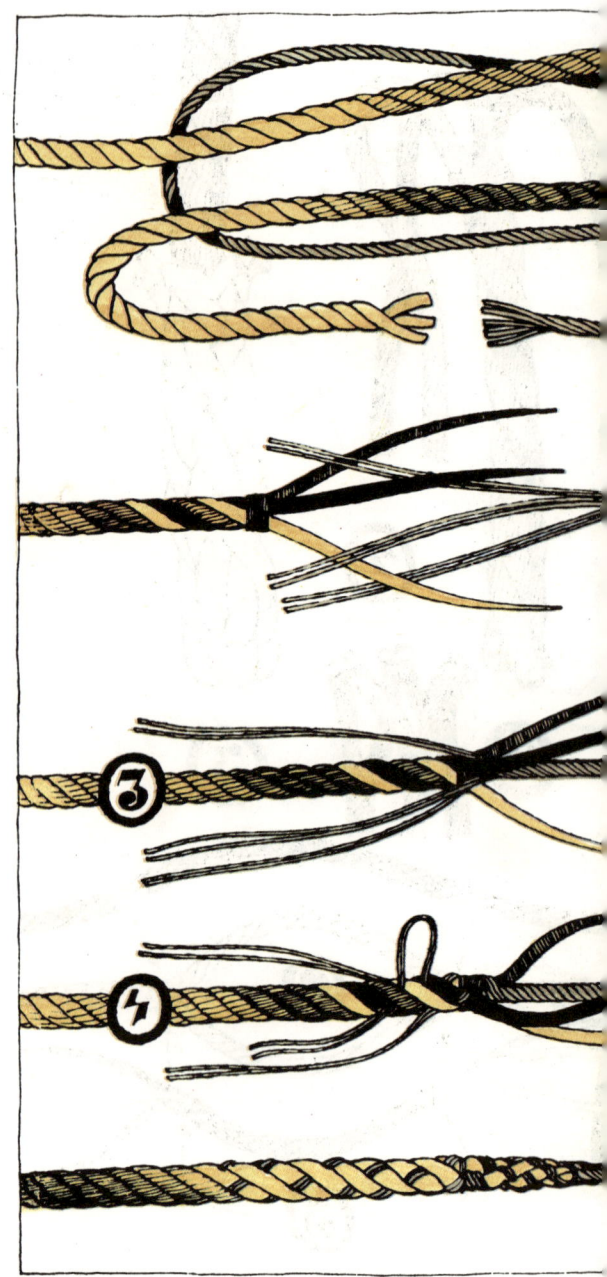

L'épissure mixte

(pour cordage et câble de grosseur sensiblement égale)
L'épissure mixte consiste à assembler un câble métallique et un cordage. La marche à suivre est la même que pour l'épissure carrée. On double seulement les torons du câble en les passant deux par deux sous les torons de cordage.
L'épissure mixte sert principalement pour les drisses de foc, grand'voile et les bras de spinnaker.

103

L'épissure mixte

(pour câble et cordage de grosseurs différentes)

Lorsque le câble et le cordage ont un diamètre trop différent, il est préférable de décommettre trois des torons du câble sur une longueur assez grande, 1, puis les trois suivants sur une longueur moindre. Puis on les engage entre les trois torons de cordage que l'on recommet ensuite sur le câble, 2. On les maintient dans cette position par des surliures, 3. Ensuite, les torons métalliques qui dépassent sont épissés normalement, 4. Il est préférable de fourrer ce genre d'épissure afin d'éviter les gendarmes. Elle remplit les mêmes usages que la précédente.

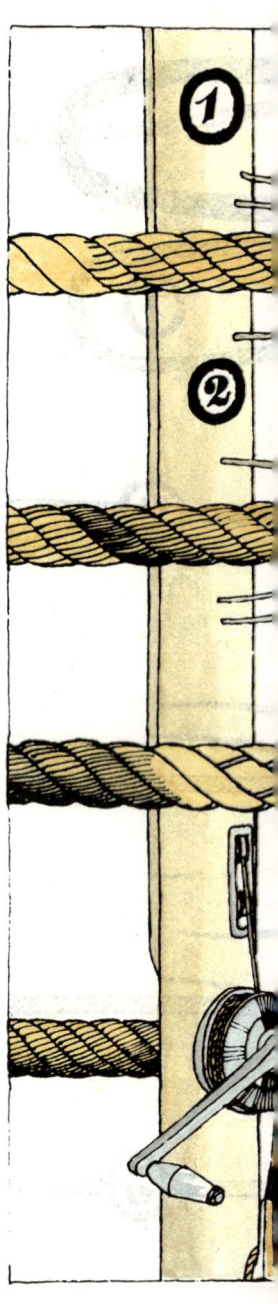

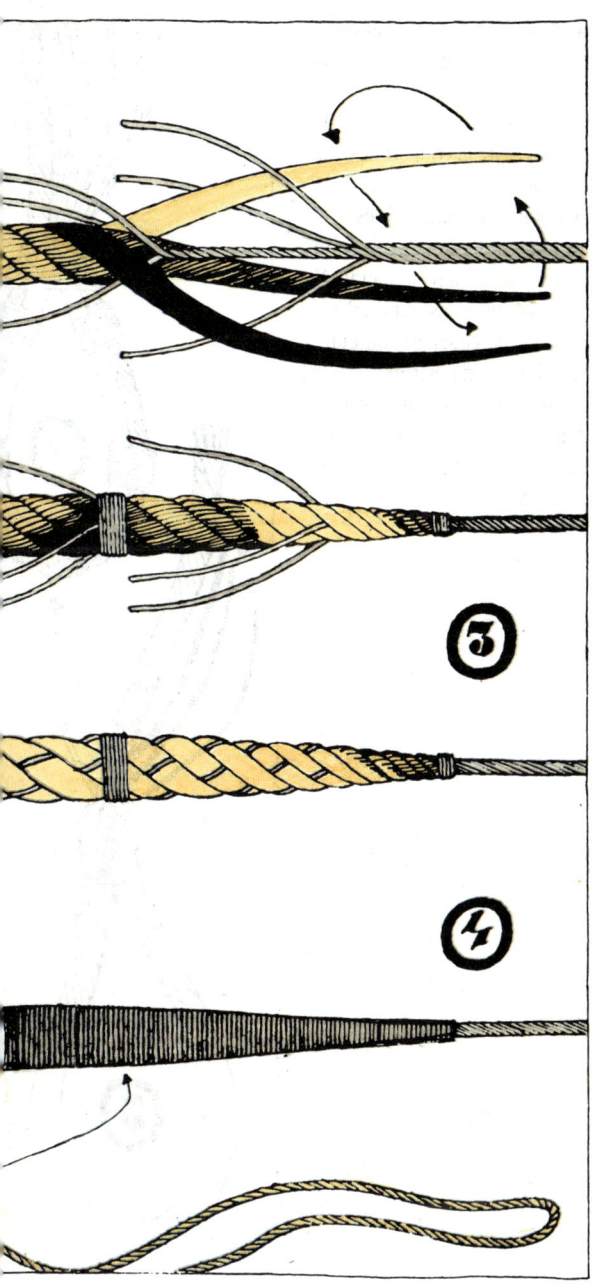

L'œil épissé dans le métal

Bien sûr l'emploi du manchon est maintenant généralisé, mais au cas où, pour une raison indépendante de l'annuaire des marées et de la couleur des yeux des mouettes, le procédé viendrait à manquer, il est toujours utile de pouvoir faire un œil épissé dans le métal. Ne serait-ce que pour réparer un hauban, un capelage, un étai, une drisse, une estrope. Un œil épissé se fait toujours autour d'une cosse, afin d'éviter l'écrasement et la déformation du câble.

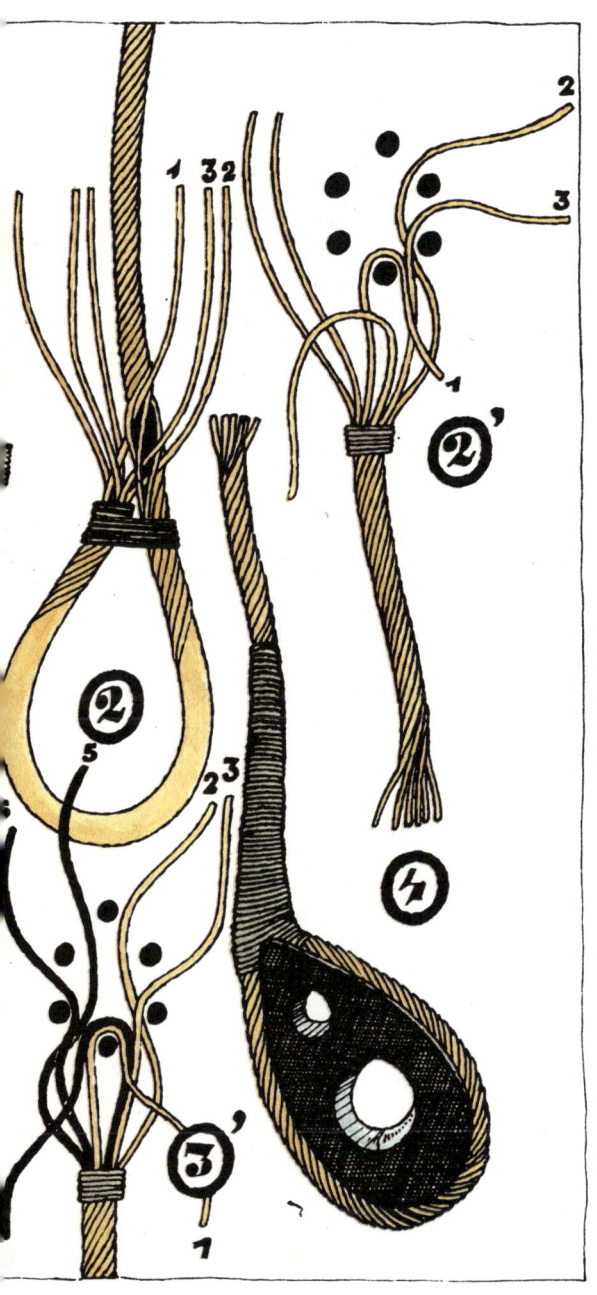

L'élégance à bord

Après
ce chapitre
ingrat et technique,
laissons-nous aller
à quelques futilités
résolument snob,
qui vous donneront
assurément
le «chic marin»
comme dans les magazines,
même si vous n'êtes pas allés
plus loin
que les planches de Deauville,
à marée basse.
Abordons les frivolités
et colifichets,
sans scrupule ;
les animaux de jadis
ne naviguaient-ils pas
emplumés
comme des danseuses
de french-cancan ?
Nous resterons
plus sobres.

Le nœud de catogan

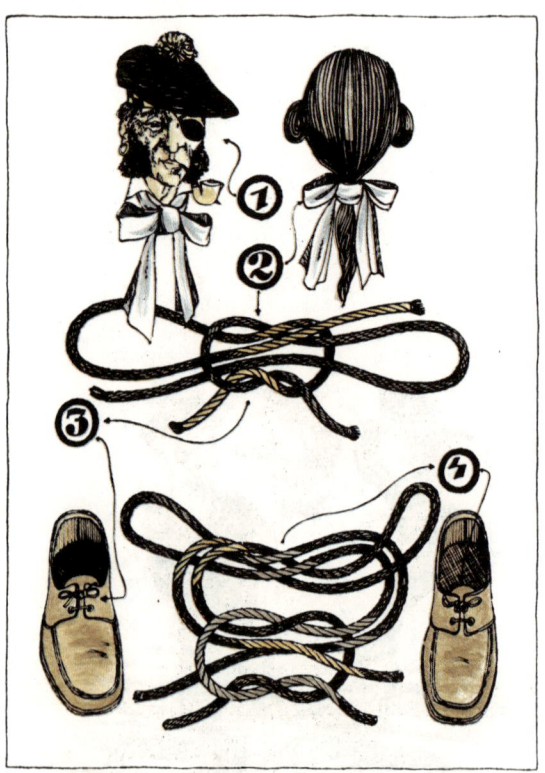

1 et 2

La mode (même chez les yachtsmen) est aux carènes chevelues, aussi quelquefois, afin d'éviter de se faire tonsurer dans un virement de bord, le port du catogan (comme Louis XV, le Bien-Aimé) s'impose.

Le nœud de godasse, 3 et 4

Passons de la tête aux pieds, c'est le même nœud. Un nœud plat gansé que l'on peut assurer par un demi-nœud supplémentaire, si l'on ne veut pas, en plus de se prendre les pieds dans les écoutes, se les prendre dans les lacets.

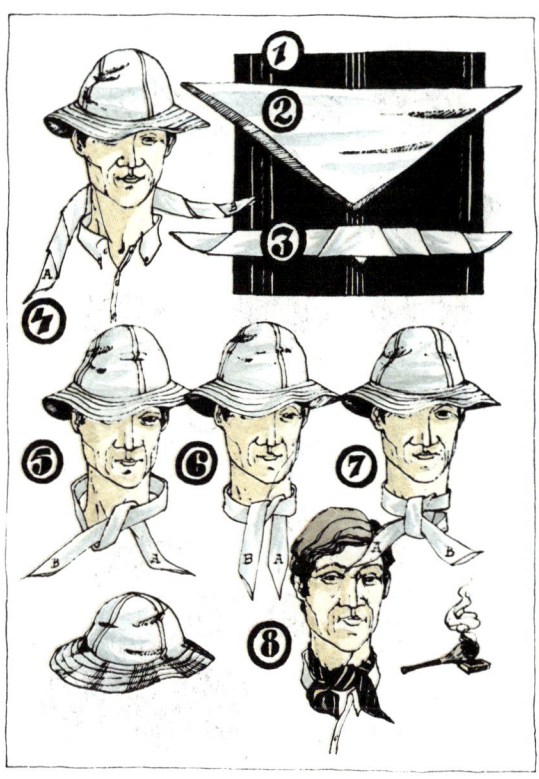

Les vents coulis sont fréquents au large. On peut toujours
attraper un petit frais. Le foulard (de chez Scordia bien sûr,
Bernard Deguy a une autre adresse, mais c'est à Sydney) y
remédiera. On le roule d'abord sur lui-même pour obtenir
un bandeau. Puis on se fait autour du cou un nœud plat (sans
trop le souquer, afin d'éviter l'étranglement fâcheux). Il est
souhaitable d'éviter les rayures avec l'écossais, ce qui
nuirait à l'effet souhaité.

Nouer un foulard cravate

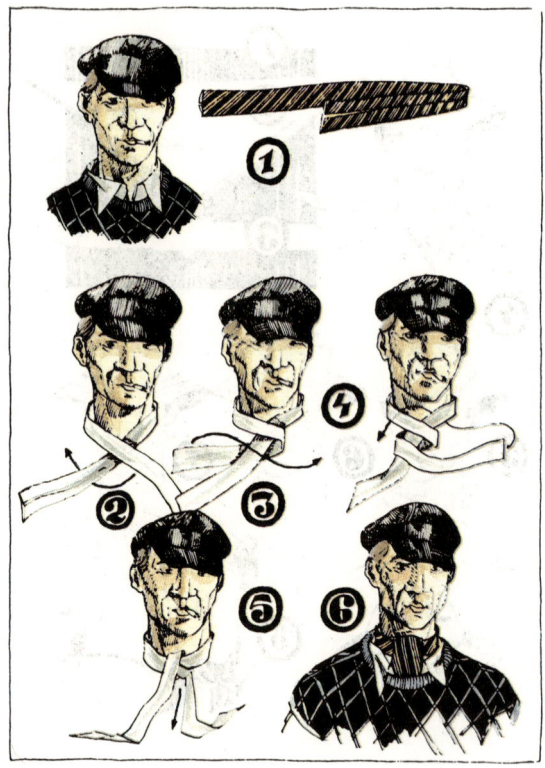

Autre modèle, autre méthode. Pour nouer le foulard cravate, il suffit de commencer comme un vrai nœud de cravate en rabattant le dernier tour sans le passer dans la boucle, comme sur le dessin. Ce modèle ne manque pas d'élégance et l'on peut le serrer et le larguer à volonté. Le fournisseur est le même que pour le modèle précédent.

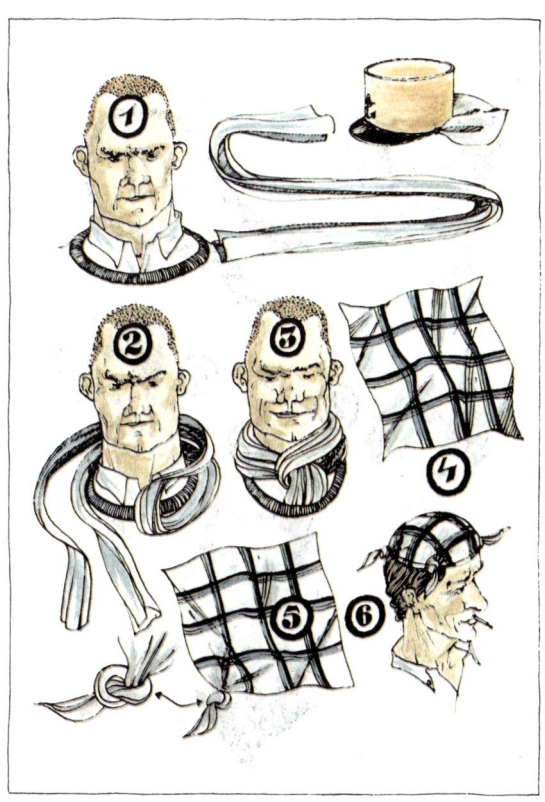

Un crâne à képi plus étroit que la mâchoire s'impose. De plus, si vous êtes né outre-Rhin, que vous ayez passé votre jeunesse dans les djebels, que vous commémoriez avec ferveur la bataille de Camerone et que vous fassiez régner sur votre croiseur (de bataille) une discipline de fer, cette façon de nouer un foulard vous convient. Il ne vous manque que des galons sur les manches, 1, 2 et 3. Le mouchoir bord-de-Marne. Mon ami Jean-Louis Paudrat le porte à merveille. Il est vrai qu'il habite Le Perreux et que *Jaja III* va bientôt être lancé, 4, 5 et 6.

Le nœud de cravate

Eh bien, celui-là, si vous ne savez pas le faire, eh bien, inscrivez-vous dans une école de voile ou un bon collège. Ou bien alors, achetez-vous un col roulé. A éviter : les cravates des clubs dont vous ne faites pas partie.

Si Sir Thomas Lipton était votre cousin, si votre yacht mesure une centaine de pieds, si votre équipage se compose d'une trentaine de matelots, alors vous pouvez arborer ce genre de colifichet à bord.

Sinon, gardez-le plutôt pour la promenade Victoria à Cannes ou les bords de mer méditerranéens. Les gants beurre frais ne se portent plus, non plus à bord (tout au moins en régate, spécialement en coupe America).

115

Le nœud papillon (de soirée)

La reine vous a invité au bal du Royal Yacht Squadron.
Parfait, c'est ce qu'il vous faut. Je vous signale cependant
qu'avec la veste de «dinner jacket» courte (les Français
disent smoking) on porte le nœud papillon noir, tandis
qu'avec la queue-de-pie il est mieux venu de le porter blanc.
Les Anglais sont à cheval sur l'étiquette!

1 et 2

Deux erseaux… un bout de rideau rançonné dans une gargote du bord de l'eau, vous aurez l'air d'arriver directement du golfe d'Aden.

Surtout si vous demandez, au bar du club, un spécial «tanker». Vous savez, un tiers de pétrole, un tiers de résine, un tiers d'huile de foie de morue, un tiers d'eau de mer Rouge…

Le bandeau indien 3 et 4

Votre bandeau ne s'appelle pas Vendredi 13, c'est dommage, on vous aurait pris pour un navigateur transatlantique.

La tresse de sirène

Ah beau matelot, vous avez des cheveux de sirène ! Ils s'emmêlent dans les écoutes et grimpent avec les drisses. Vous risquez votre scalp à chaque manœuvre. La tresse, il n'y a que ça. Comme au bon vieux temps des phares carrés et des coques en bois. Il ne vous manque plus qu'un anneau d'or à l'oreille gauche, une pipe en terre et un chapeau de feutre verni et l'on vous prendrait pour Billy Bud.

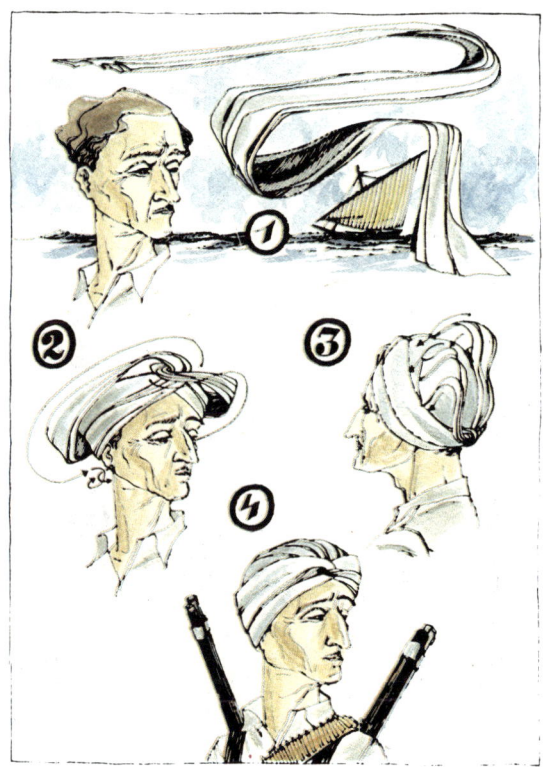

La mer Rouge n'a pas de secret pour vous. Votre navire est gréé en boutre, les cales sont pleines de haschisch et de fusils belges, votre équipage parle arabe, la douane passe sa vie dans votre sillage. Vous avez une petite moustache, la figure maigre et un turban sur la tête: ne seriez-vous pas Henri de Monfreid?

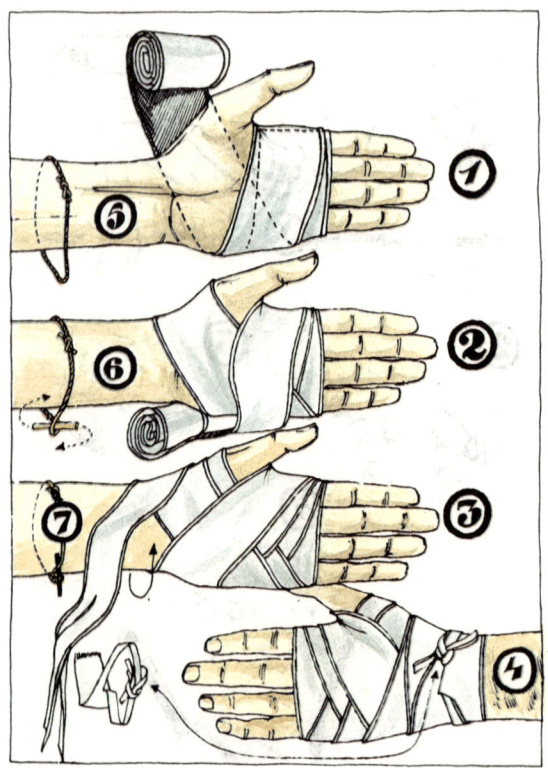

Mais peut-être, sur les mers lointaines, naviguez-vous «dangereusement»? Même si ce n'est pas le cas, il arrive que l'on se blesse les mains sur des écoutes récalcitrantes ou des bras de spinnaker en acier. Un bandage s'impose, grand blessé, 1, 2, 3 et 4. Au cas où ce serait plus grave, une artère sectionnée, il faut alors avoir recours au garrot, 5, 6 et 7.

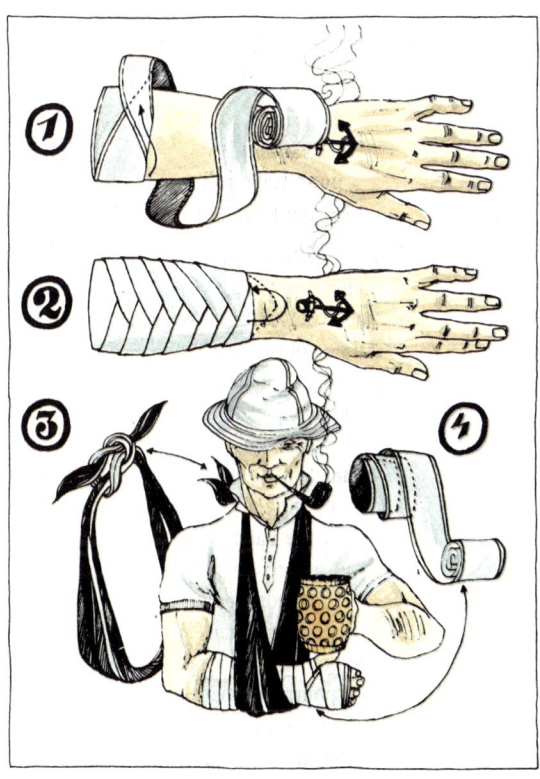

Si vous voulez vraiment arriver au port avec une figure de héros qui rentre du front (pour vous faire plaindre des dames), voici encore quelques bandages utiles et qui, bien exécutés, ne sauraient nuire à votre élégance. Mais je vois que ce n'était pas trop grave et que vous avez encore la force de boire à la santé de la marine à voiles.

Les nœuds
pour faire joli
(et pour servir)

Maintenant
que vous voilà gréé
comme un amiral suisse,
il ne vous reste plus
qu'à habiller,
de quelques bouts
de ficelle
habilement noués
et entrelacés,
votre bateau
et son gréement.
C'est pourquoi
ne jetez jamais
un bout un peu râpé,
il pourra toujours
vous servir,
pour des fourrages,
un paillasson,
un bonnet turc
ou quelque autre
petit travail de marin,
qui feront,
même si votre bateau
est un bateau
« jeune cadre » de série,
qu'il ressemblera
quand même
à lui-même,
comme un fils unique,
sorti des eaux.

Le nœud carré

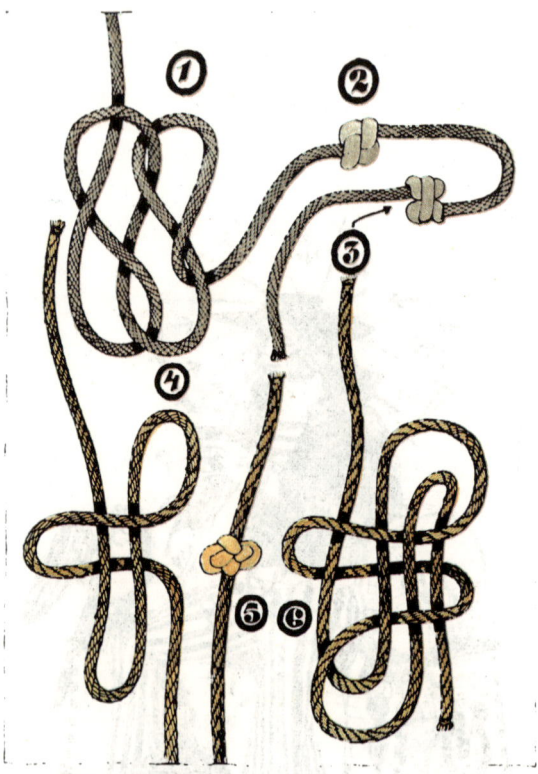

1, 2 et 3

Le nœud carré présente, comme l'indique son nom, la
«grande particularité» d'être carré! Ce qui, somme toute,
n'est pas laid et fait même joli. C'est pourquoi il débute ce
chapitre des «nœuds pour faire joli». En dehors des
qualités précitées, je suis au devoir de dire qu'il ne sert à
rien. Pas plus d'ailleurs que le nœud carré double, 4, 5, 6,
qui lui non plus ne sert à rien, sinon doublement. Il était
cependant important de commencer ce chapitre par un acte
gratuit.

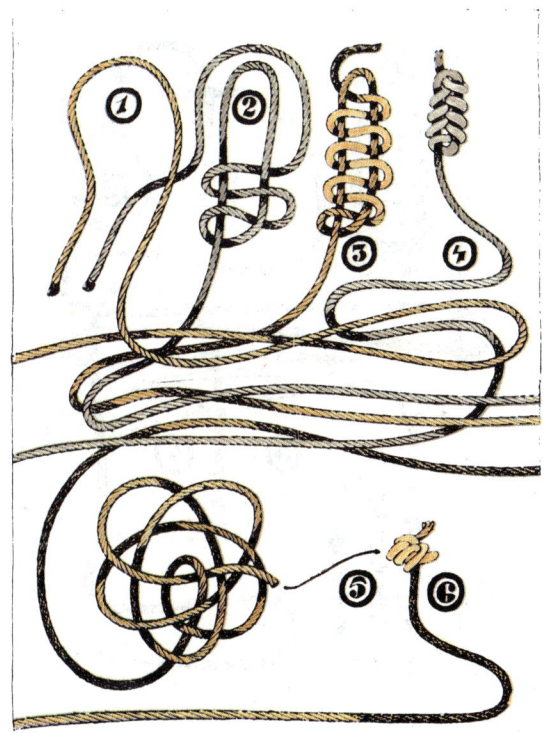

1, 2, 3 et 4

Lorsque l'on n'est pas obligé de terminer un cordage par une surliure (si c'est un petit cordage), on peut alors, si le fait d'une surépaisseur ne gêne pas, le terminer par un nœud plus décoratif et plus volumineux :

le nœud en double huit, par exemple, ou bien le *cinque foil knot* 5 et 6 qui nous vient des boys-scouts anglais (à la nage, si mes informations sont exactes).

Le nœud de ligne

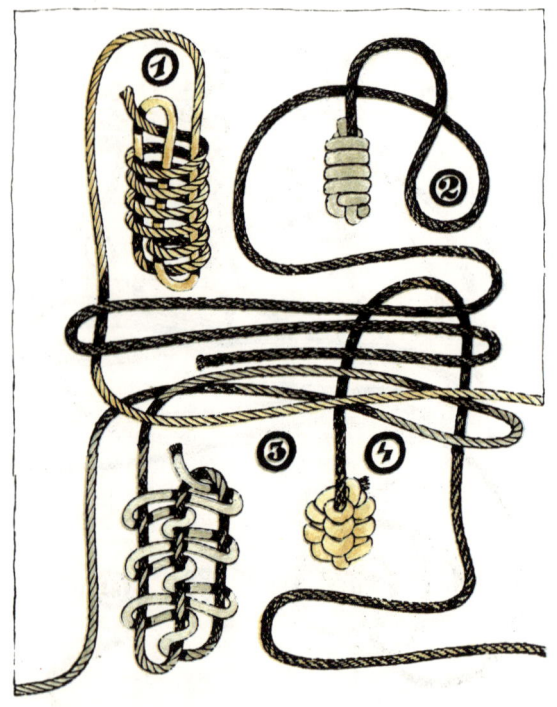

Autre variante de nœud pour terminer un cordage : le nœud de ligne. Plus volumineux que les précédents et aussi plus lourd, il peut à la rigueur remplacer le «point de singe» ou «pomme de touline».

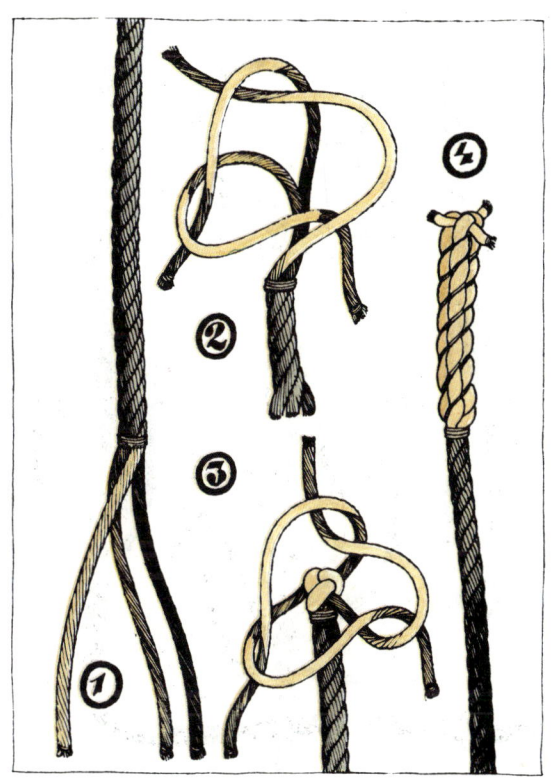

(et non de mort)

Encore une façon de décorer et de rendre plus solide le bout
d'un cordage. Il se pratique surtout sur les cordages d'un
certain diamètre comme les haussières. Cela alourdit
l'extrémité et facilite le lancement de l'amarre à terre, par
exemple. En fait, son nom lui vient de la forme voisine des
turbans des Turcs quand ceux-ci pirataient sur les mers où
le soleil brille toujours, même quand il y a trop de vent.

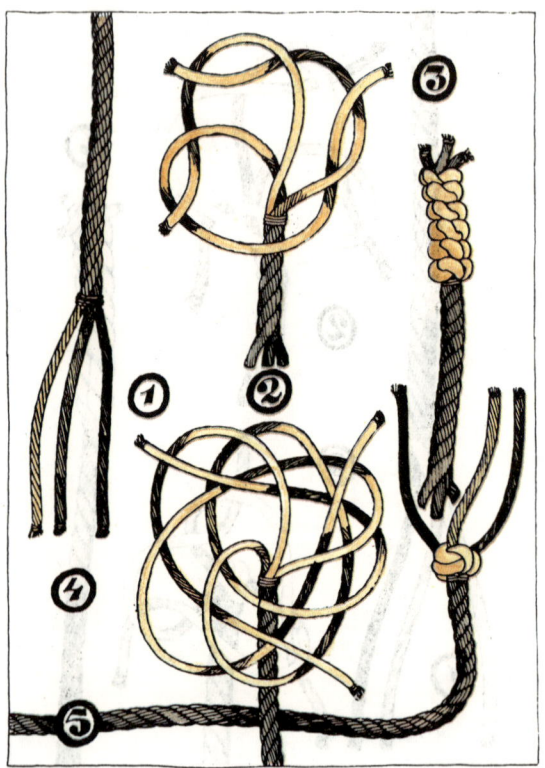

1, 2 et 3

Non, nous n'allons pas nous lancer dans la charcuterie. Ce nom désigne simplement une façon supplémentaire de nouer l'extrémité d'une haussière. Il est en fait le contraire du nœud de tête de More, les torons sortant au-dessus des boucles, alors que pour le précédent ils sortent en dessous. On peut le rendre plus volumineux en le doublant, c'est-à-dire en passant les torons dans deux boucles au lieu d'une seule, 4 et 5.

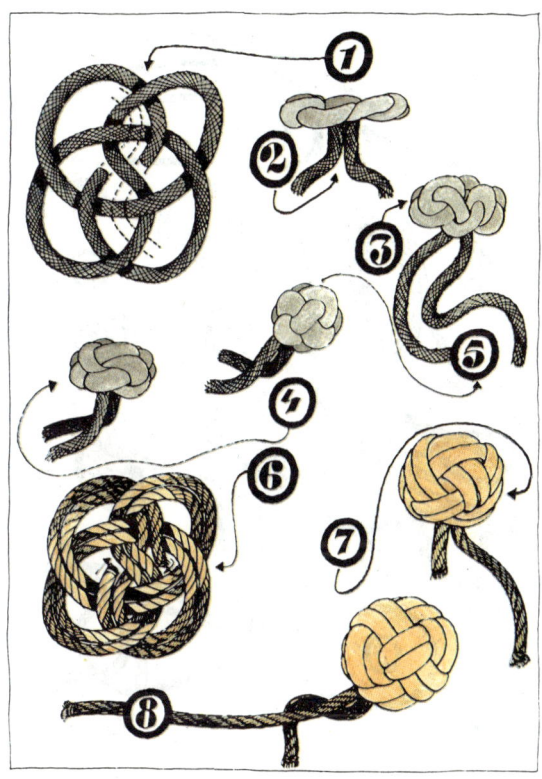

1, 2, 3, 4 et 5

Si la tempête a arraché tous les boutons de votre pantalon, qu'à cela ne tienne, quelques minutes de matelotage et vous n'aurez pas besoin de bretelles pour conserver votre dignité. Vous pouvez laisser le bouton plat 2, ou, en le souquant plus ou moins, l'arrondir, 3, 4 et 5. En le doublant 6 et en l'arrondissant sur lui-même, vous pourrez même obtenir une boule, 7 et 8.

La pomme de touline

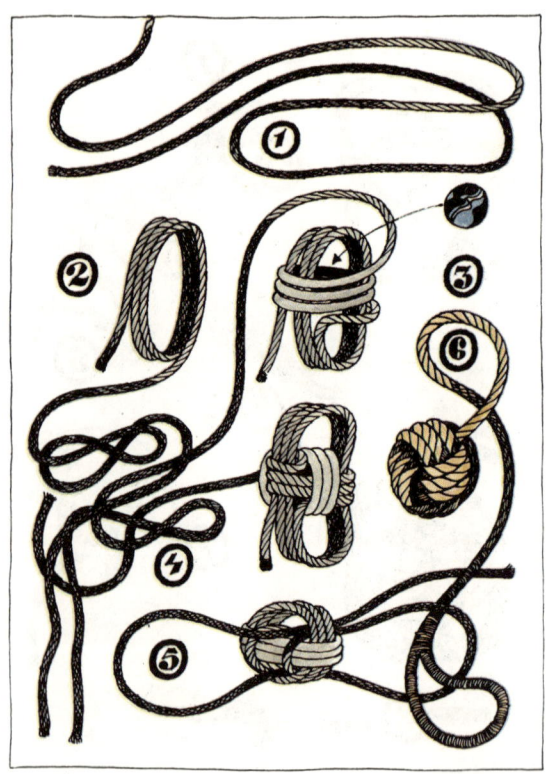

La pomme de touline forme une boule au bout d'un cordage. Sa première fonction est de permettre de lancer une amarre en l'entraînant par son poids (on y introduit alors une bille de plomb, 3). Une bille suffira pour lui donner de la rondeur si vous en faites, dans du petit cordage, un porte-clefs ou l'extrémité d'un brindindin de tangon ou de mousqueton ou encore d'un raban de grand-voile.

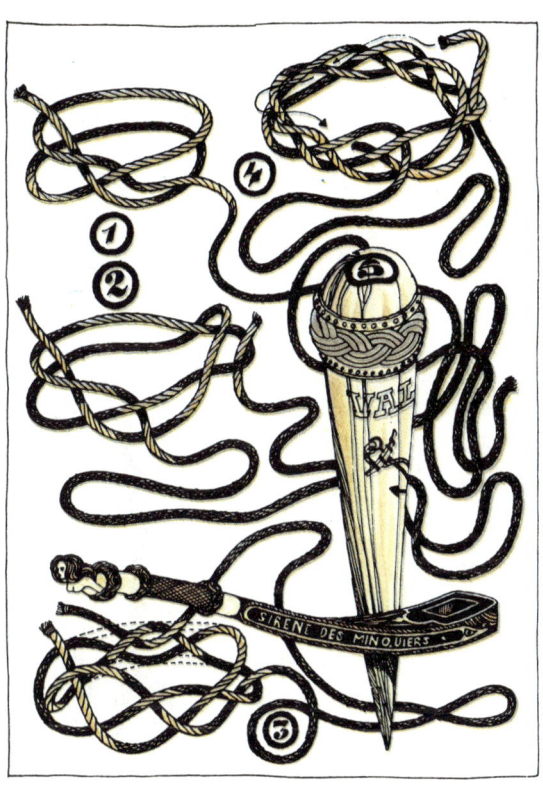

Vous pouvez bien sûr vous en coiffer, à condition de l'avoir fait assez grand. Alors vous aurez l'air du Monsieur Jourdain de la voile. Il est plutôt conseillé d'en entourer une barre, un épissoir, la poignée d'un sac, ou le poignet d'une dame. L'un de mes amis a coutume d'en offrir à chacune de ses conquêtes, ce qui nous permet de les dénombrer assez facilement. Ça lui coûte une fortune en cordage ! En serrant le bonnet turc sur lui-même et en y introduisant une bille, on peut également en faire une pomme de touline.

Le nœud de piton

Lorsqu'il n'y a pas beaucoup de vent ou aux virements de bord, les écoutes battent et les poulies des points de tire ont tendance à taper sur le pont et à l'abîmer. On peut remédier à ce dommage en tressant un tapis de piton qui encaissera les chocs des poulies et protégera le pont. Il est conseillé de clouer une rondelle de cuivre sous le tapis afin de réduire les points d'humidité quand le tapis est mouillé.

Le nœud de piton

②

Le paillasson de pont

Une vieille écoute hors d'usage,
un quart d'heure de matelotage,
et vous voici en possession d'un
vrai paillasson de bateau.
Éviter cependant de le
confectionner dans du coton qui
se salit, très rapidement et
conserve l'humidité. Je pense
toutefois que ce genre d'objet,
«utile et décoratif», fait à bord
est tout de même plus plaisant
que ceux que l'on peut trouver
dans le commerce, surtout
quand ils sont imprimés d'une
phrase du genre «la paix niche
ici». Vous voyez le genre !

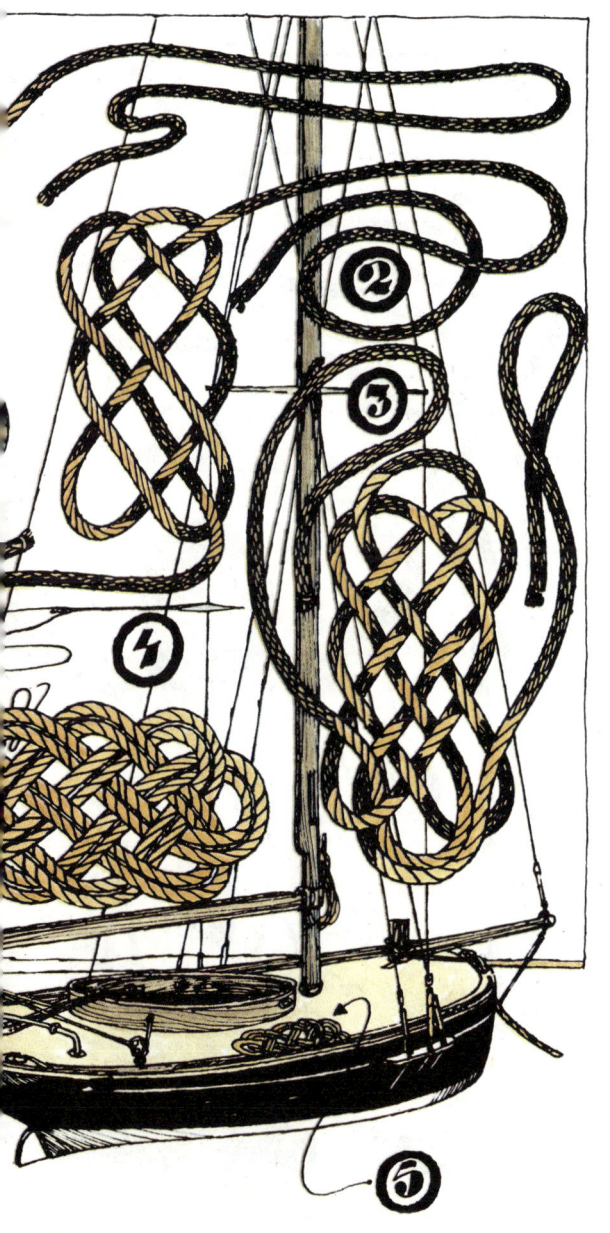

Une ceinture et des bretelles

(le comble du pessimisme)

Une tresse en un seul brin, 1, 2 et 3, une boucle et un œil épissé, tout cela fait dans un vieux bout de ligne à maquereau 4. Vous voilà gréé comme un cap-hornier le jour de ses noces. Les dames (en plus petit) peuvent s'en faire des bracelets. Les militaires s'en feront des fourragères (navigue-t-on en uniforme ?). Mais si la ceinture vient à manquer, qu'à cela ne tienne, quelques épissures et votre pantalon ne descendra pas plus bas que vos bretelles, 5.

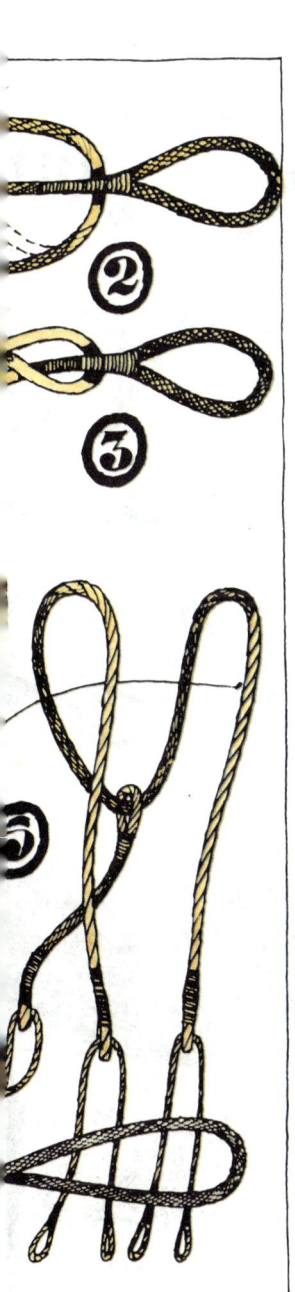

Le filet I

Tout d'abord vous faites un cadre de la grandeur du filet désiré, 1. Ensuite, avec du cordage de moindre grosseur, vous passez le premier tour, 2. Puis, avec l'aide du gabarit, qui vous permet de conserver l'écartement voulu entre les mailles, 4, vous nouez le second tout en faisant à chaque fois un nœud d'écoute, 3. La ligne employée pour le filet est lovée sur une navette, 5, ce qui facilite le travail. Si vous voulez faire un hamac, arrangez-vous pour qu'il n'ait pas dix mètres de long, ce serait alors un filet de tennis.

Le filet II

Autre manière de faire un filet, cette fois-ci avec des bouts à angle droit. On commence par un cadre, comme pour la page précédente, 1. On tend les bouts horizontaux à distances égales, en les assurant par un œil épissé entre deux torons du cadre, 2 et 3. Ensuite on tend les bouts verticaux en les nouant sur les horizontaux par un demi-nœud, 4, ou simplement en les passant entre deux torons, 5 et 6, et l'on obtient un filet que l'on peut, par exemple, tendre entre les chandeliers pour empêcher que les génois aillent à l'eau quand on les amène, 7.

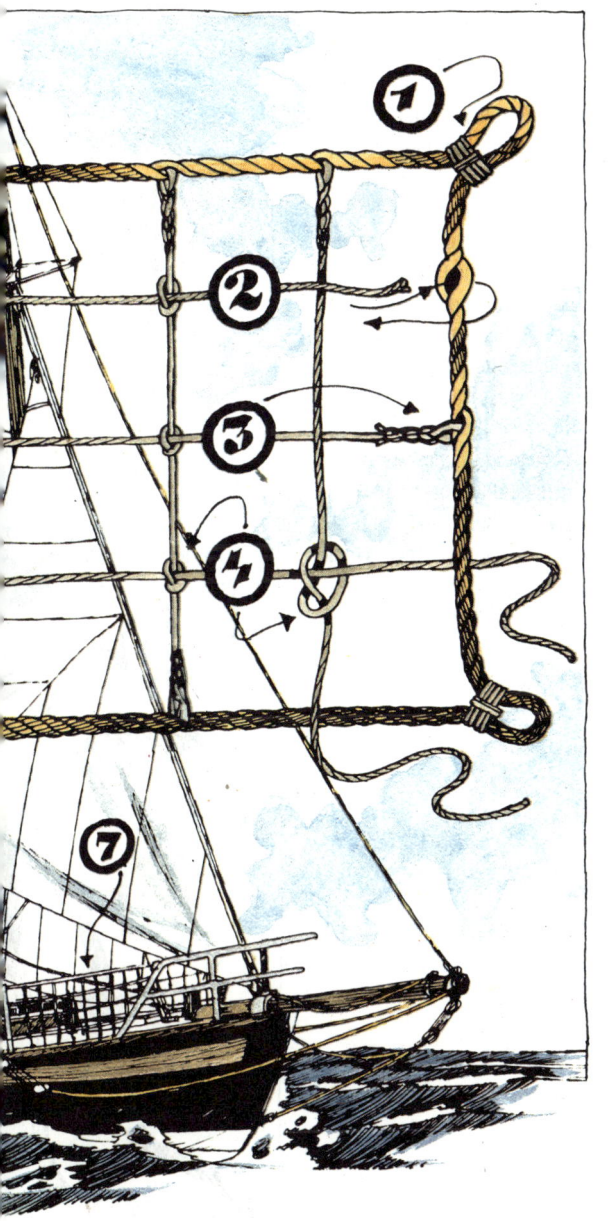

La corde de cloche

La corde de la cloche est la seule corde du bord. C'est-à-dire que ce mot ne peut être employé que pour elle. On commence par un œil épissé autour d'une cosse, 1, que l'on fourre. A la fin du fourrage on passe un bonnet turc, 4, puis on commence un cul-de-porc que l'on coiffe d'un second bonnet de la largeur d'une bonne main de matelot. On le termine par un nœud de tête de More que l'on coiffe d'un troisième bonnet turc, 6, après avoir fait une surliure courte liant les torons qu'on laisse se décommettre en fil de caret pour obtenir une sorte de crinière terminée par un demi-nœud. On a une corde de cloche.

Le fourrage

Surtout sur les bateaux à corne, il arrive que la grand-voile, au portant, rague sur les balancines, les bastaques ou les galhaubans. Le seul moyen d'empêcher l'usure est d'habiller ces cordages de fourrages. Il faut du coton à calfater ou en écheveau, 1, que l'on coupe en morceaux de longueur égale, 2, et que l'on passe en les tassant l'un sur l'autre dans la boucle faite par une ligne, 3. Après avoir bien souqué on entoure le hauban en tournant et on fixe les extrémités par une surliure, 4. Et voilà Balthazar paré comme une demoiselle, 5.

La tresse à huit brins I

Eh bien voilà, c'est presque fini et nous terminons par le commencement : la poignée de sac du matelot Quentin, 1. On toronne huit torons autour d'une cosse, on arrête avec une surliure, 2. On dispose les différents torons comme sur le dessin, sur une table à matelotage (une rondelle de carton fort, trouée, peut suffire). Puis on procède au premier passage du croisement des torons suivant les numéros des chiffres indiqués à droite de la table, et l'on recommence suivant le même ordre pour le deuxième passage et le troisième jusqu'à obtenir la longueur de tresse voulue.

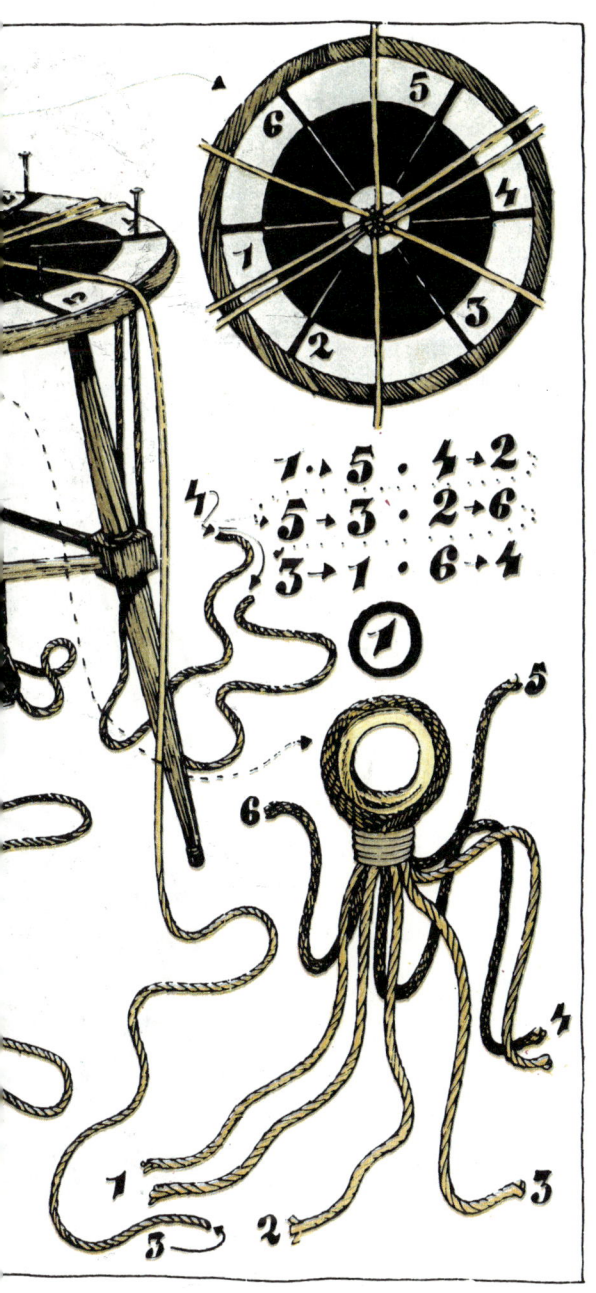

La tresse à huit brins II

La longueur de tresse, 3, désirée, 4, ayant été obtenue, on l'arrête par une surliure que l'on coiffe d'un bonnet turc, ainsi que la première surliure, 5 et 6. Ensuite, on passe un nouveau bonnet turc coulissant autour des huit brins, 7, que l'on arrête, chacun, avec un œil épissé dans lequel on coince un cabillot, 8. Il ne reste plus qu'à passer ces cabillots dans les œillets du sac, le remplir d'épissoirs, paumelles et bouts en vrac, et vous faire rebaptiser Quentin.

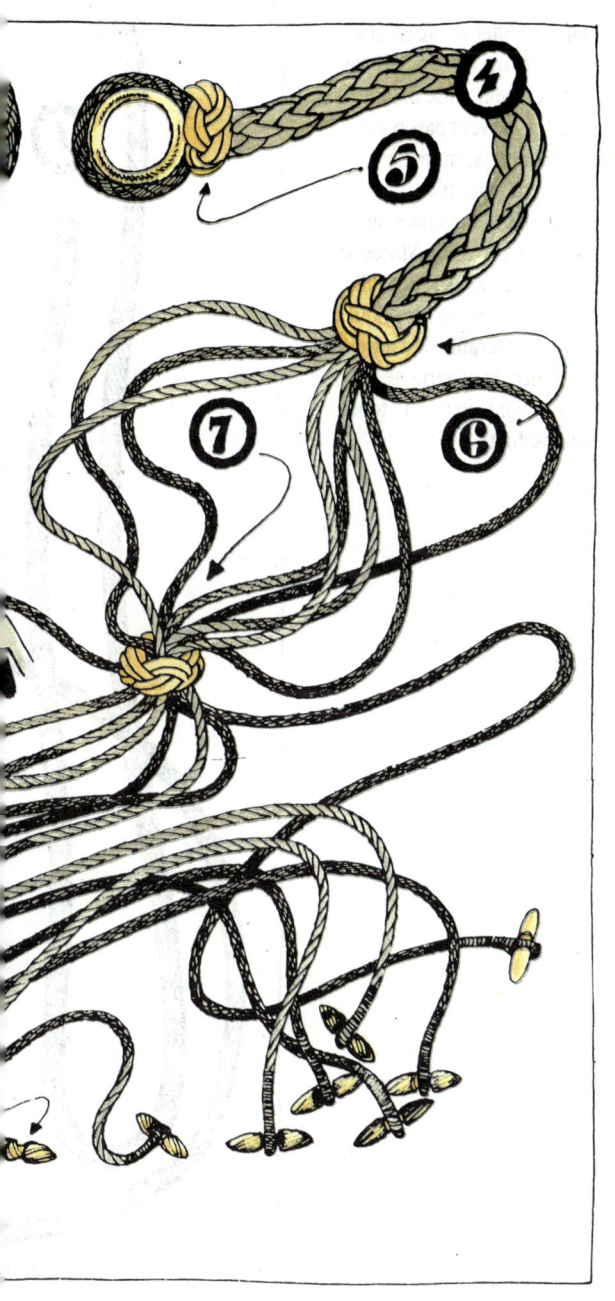

Le nœud Marcel

J'allais oublier ce nœud très important qui ne se défait pas quand on veut, et se défait quand on ne veut pas, n'est absolument pas marin, est parfaitement inutile, déconseillé et inemployable et dont mon ami Alain Marcel esq. fait un usage abusif. Pour plus de renseignements techniques, il serait préférable de s'adresser à sa douce, la «souriante» Cloudy night. Je rejette toute responsabilité.

Le nœud de cravate

1, et 2
Il est coulant mais peu
approprié à la soie.

Le nœud de pendu,
3, 4 et 5
Si vous n'avez rien compris à
mes dessins (pour le texte c'est
plutôt normal), eh bien alors
j'espère que vous comprendrez
ce dernier nœud,
appliquez-vous, venez me voir
(les sirènes de préférence) et
pendez-moi à la grand-vergue
de votre goélette, puis
jetez-moi aux homards, dans les
Minquiers, s'il vous plaît,
merci.

Eh oui,
le nœud était parfait
mais le bout
était cuit.
Pas vu pas pris.
Mais peut-être
vos connaissances personnelles
(j'en suis sûr)
vont au-delà
de ce carnet de croquis,
c'est pourquoi
je laisse
quelques pages blanches
qui vous sont destinées
et que j'espère
vous couvrirez de croquis,
ainsi d'ailleurs
que tous les blancs
de ce carnet.
A vous
princes de la paumelle,
chevaliers de l'épissure,
empereurs de la videlle,
buveurs de rhum
et mangeurs
de boudins.

Remerciements

Vous savez bien sûr
que ce carnet n'a pu sortir
entièrement de ma tête.
J'ai fait appel
aux connaissances de M. F. Devillers,
pour son ouvrage
Manuel de matelotage et de voilerie,
de M. Louis Doliveux
pour son ouvrage
Étiquette navale et coquetterie à bord
et à *70 nœuds, amarrages et épissures.*
Sans oublier M. Ashley
et sa bible de matelotage
The Ashley book of knots.
Je les remercie
pour m'avoir préalablement noué
les trois
quarts de mes bouts de ficelle.
Je m'en voudrais également
de ne pas gratifier
d'un sourire en demi-clef
mes amis Philippe Quentin,
Pierre Lenormand,
Christian Fevrier, Alain Marcel
(tous esq. Rmys),
Jean-Louis Paudrat,
Edgar de Bresson,
tous experts en chaussettes marines,
ainsi que Georges Commarmond
qui aurait très bien pu exécuter
ce carnet de croquis
s'il n'était allé faire le zouave
au cap Horn ;

merci, messieurs.

Achevé d'imprimer, mars 1984, sur les presses CASTERMAN, S.A.
Imprimé en Belgique.